CZY MĘŻCZYŹNI SĄ ŚWIATU POTRZEBNI?

JANUSZ L.
WIŚNIEWSKI

CZY MĘŻCZYŹNI SĄ ŚWIATU POTRZEBNI?

WYDAWNICTWO LITERACKIE

Wydanie pierwsze

ISBN 978-83-08-04101-7

JAK POŻĄDAJĄ MĘŻCZYŹNI?

Kobieta, aby pójść do łóżka z mężczyzną, potrzebuje bliskości, zaufania i poczucia więzi. Mężczyzna — przeważnie — potrzebuje tylko miejsca...

Czy w tym deprymującym (głównie dla mężczyzn) stwierdzeniu kryje się jedynie cynizm, czy także jakaś prawda? A jeśli tak, to jak gorzka jest ta prawda? Dlaczego mężczyźni pożądają inaczej? I co z tego wynika?

U zwierząt wszystko jest o wiele prostsze. Pożądanie służy prokreacji i jak największej dystrybucji genów. Bliska nam ewolucyjnie małpka bonobo bez żadnych skrupułów jest w stanie przerwać akt kopulacji, gdy tylko na horyzoncie pojawi się inny samiec, który swoim wyglądem i zachowaniem zdradza, że mógłby jej zagwarantować lepszy zestaw genów dla potencjalnego potomstwa. Na taką decyzję wyuzdana bonobo potrzebuje nie więcej niż osiem sekund. Jeszcze mniej czasu potrzebuje na to samica poligamicznego nornika górskiego.

Zwierzęta pożądają tylko w jednym celu: prokreacji. Do dzisiaj trwają dyskusje naukowców na temat tego, czy realizując swoje pożądanie w akcie seksualnym, zwierzęta odczuwają przy tym jakąś przyjemność. Oglądając fotografie kopulujących par goryli, słynących notabene z wierności, mam co do tego poważne wątpliwości. Cynicy twierdzą, że cierpienie na pysku (twarzy?) goryla wynika z tego, iż ciągle jest fotografowany z tą samą samicą.

Ludzie są pierwszym i jedynym gatunkiem, który na drodze ewolucji oddzielił prokreację od pożądania. I jednym z trzech gatunków, który pożąda i spółkuje bez względu na porę roku. Pozostałe dwa to muchy i pluskwy. U całej reszty stworzeń pożądanie pojawia się wyłącznie w krótkim okresie godowym (tzw. rui). Tylko wtedy występuje u nich przewaga popędu płciowego (podobnie jak u ludzi) nad uczuciami głodu, zimna, pragnienia i bezpieczeństwa. Dotyczy to w większym stopniu samców niż samic.

W dodatku, tylko człowiek koniecznie chce powiązać pożądanie ze zjawiskiem kulturowym, jakim jest miłość. Pomagają mu w tym poeci i pisarze, od czterech tysięcy lat wychwalający w literaturze „miłość romantyczną" (mam w tym swój udział), a także laboranci, którzy zsyntetyzowali pigułkę antykoncepcyjną, i dziennikarze, którzy z miłości romantycznej zrobili kultowy, zawsze dobrze sprzedający się temat. To oczywiste, że bez miłości romantycznej nie byłoby ani Hollywood, ani tym bardziej Bollywood.

Tymczasem wiele wskazuje na to, że człowiek w sferze seksualności pozostał w dużej mierze zwierzęciem. Wymyślając tysiąclecia temu miłość, jedynie zhumanizował pożądanie, seks oraz reprodukcję, nadając kulturowe znaczenie biologicznym faktom. Mimo to niewiele się przez wieki zmieniło, jak wykazały badania antropologa George'a Murdocha. W końcu lat czterdziestych XX wieku przebadał on historię 238 kultur cywilizacyjnych na całym świecie. Tylko dla 43 z nich monogamia była społecznie preferowanym wzorcem struktury rodziny. W pozostałych panował system, który dzisiejszy świat zachodni nazwałby brutalnie i dosadnie urzeczywistnieniem fantazji masturbującego się mężczyzny: jak najwięcej różnych kobiet w jak najkrótszym czasie. Czy to u Indian w Ameryce Północnej, czy u Inków w Ameryce Południowej, czy u kultur szczepowych w Afryce lub Azji — w większości akceptowano fakt, że mężczyźni współżyją jednocześnie z wieloma kobietami. Czasami musiano liczbę tych partnerek prawnie reglamentować. Do dzisiaj muzułmanie, zgodnie z Koranem, mogą posiadać maksymalnie cztery żony (jeśli są w stanie je wszystkie utrzymać na tym samym poziomie materialnym). Z kolei władca Aszantów (obecna Ghana) musiał zaakceptować prawo, według którego jego harem nie mógł przekraczać dokładnie ustalonej, tajemniczej do dzisiaj liczby 3333 kobiet.

Biolodzy ewolucyjni widzą w tej poligynii ukryty sens. Nawet dla kobiet. Niewiasta w haremie miała szanse wymieszania swoich genów z genami najważniejszego i najbardziej wpływowego mężczyzny w państwie.

Według znanego zoologa Tima Birkheada z uniwersytetu w Sheffield w Wielkiej Brytanii, monogamia jest systemem skrajnie nienaturalnym. W artykule opublikowanym w renomowanym czasopiśmie naukowym „Nature" (2005) Birkhead przekonuje, że ludzie, podobnie jak zwierzęta, z natury dążą do pozbawionych więzi uczuciowej kontaktów seksualnych z przypadkowymi, często zmienianymi partnerami (nazywamy to zjawisko promiskuityzmem), a monogamia, jako dominujący w zachodnich cywilizacjach system partnerski, jest sztucznym tworem kulturowym, narzuconym przez religię dla ustabilizowania społeczeństw. Dodajmy: ściśle patriarchalnych społeczeństw.

Monogamię narzucili światu, o dziwo, mężczyźni. Chcąc uniknąć konfliktów i całego zła wynikającego z walki o dostęp do jak największej liczby kobiet, wymyślili demokratyczny system, w którym każdy mężczyzna będzie miał, przynajmniej teoretycznie, prawo do tylko jednej kobiety. Samych kobiet o zdanie oczywiście nie pytano. Zresztą nawet gdyby zapytano, to odpowiedź (w tamtych czasach) mogła być tylko jedna. Znajdując się w całkowitej materialnej zależności od mężczyzn, przyjęły pomysł małżeństwa z jednym partnerem na całe życie — uważały, że w ten sposób zagwarantują sobie i swoim dzieciom materialne bezpieczeństwo.

Przez tysiące lat kobiety były zmuszone handlować z mężczyznami: moja wierność w zamian za moje i moich dzieci bezpieczeństwo socjalne. Ale dzisiaj, na początku XXI wieku, ten kontrakt między płciami traci powoli (i nareszcie) ważność. Kobiety same potrafią zadbać o swoje utrzymanie. Mężczyźni i kobiety obeszli równik historii, powracając do punktu wyjścia, czyli do jaskiń. Przynajmniej jeśli chodzi o seksualne partnerstwo i równouprawnienie.

Z biologicznego punktu widzenia hedonistyczni mężczyźni wracają do jaskiń z ogromną radością. Erotyka w plejstocenie stanowi doskonały scenariusz dla każdego filmu pornograficznego (chociaż osobiście nie podejrzewam, żeby do tego gatunku filmów istniały „scenariusze"). Ostatnie, liczące ponad 7200 lat, znalezisko archeologów w niemieckiej Saksonii zdaje się to potwierdzać. Dziewiętnastego sierpnia 2003 roku czujny operator koparki w Erdreich, niedaleko Lipska, przygotowując teren do założenia przewodów gazowych, natrafił na figurkę z okresu neolitu ceramicznego. W artykule naukowym, który niedługo później pojawił się w fachowym czasopiśmie „Germania", archeolog Harald Stäuble potwierdził, że figurka przedstawia wyuzdany akt seksualny naszych jaskiniowych przodków. To było sensacyjne odkrycie, ponieważ najstarsze znane dotychczas przedstawienia aktu płciowego powstały (jako freski) w Grecji dopiero ponad 4000 lat później. Do erotycznej figurki z Saksonii dołączyło wkrótce liczące ponad 6000 lat znalezisko archeologów z Ludwigshafen, wydobyte z wód Jeziora Bodeńskiego na granicy Niemiec i Szwajcarii — tzw. dom kultu. Okazał się on świątynią, z której ścian wystają gliniane, niegdyś obfite, kobiece piersi.

Według antropolog Helen Fisher, autorki wydanych w Polsce fascynujących książek *Anatomia miłości* i *Dlaczego kochamy*, kobiety z epoki kamiennej „chodziły w krzaki z coraz to nowym partnerem". W domach z betonu nie ma wolnej miłości, ale w jaskiniach z granitu lub piaskowca była jak najbardziej. Fred Flintstone tylko w kreskówce dla dzieci jest zabawnym pantoflarzem i zatwardziałym monogamistą. Ten sam Fred Flintstone na kanale National Geographic lub w „różowej serii" na innych kanałach, emitowanej zwykle po północy, byłby kimś zupełnie innym, ale prawdziwszym: biologicznie uwarunkowanym samcem, z niczym nie hamowanym (oprócz prawa silniejszego w stadzie) instynktem.

Jak się okazuje, wyuzdany seks jaskiniowców ma nawet dzisiaj ogromne znaczenie dla ludzkości. Przynajmniej dla tej jej części, która zadaje sobie pytanie, jak to się stało, że praczłowiekowi udało się zaludnić całą planetę. Dotychczas obowiązująca teoria zakłada, że wszyscy — jako gatunek — wywodzimy się od pewnej pary praprzodków z Afryki, która rozmnożywszy się, opanowała cały świat. Pierwsi ludzie z Afryki przywędrowali na inne kontynenty i w wyniku brutalnych wojen podbili zastane gatunki ludzkie, doprowadzając do ich wymarcia.

Ostatnio jednak Alan R. Templeton, młody genetyk z uniwersytetu w Michigan, w trakcie kongresu Australijskiego Towarzystwa Genetycznego w Melbourne podważył prawdziwość tej teorii. Twierdzi, że człowiek afrykański wcale nie wymordował innych gatunków ludzkich, ale jedynie się z nimi wymieszał. Podpiera on swoje tezy szczegółowymi analizami DNA różnych żyjących obecnie na świecie ras ludzkich. Stopień wymieszania genów jest tak duży, że według Templetona „nasi przodkowie myśleli jedynie o seksie i robili to każdy z każdym, przy każdej nadarzającej się okazji". Tylko w ten sposób mogło dojść do aż takiego wymieszania genów. Okazuje się, że slogan *„make love, not war"* to wcale nie pomysł hippisowskich komun końca lat sześćdziesiątych XX wieku.

Niekiedy człowiek jest nawet bardziej „biologiczny" od zwierząt, a przy tym znacznie bardziej od nich (ewolucyjnie) obłudny. Samce zwierząt używają seksualnych forteli w celu zapłodnienia jak największej liczby samic. Mężczyźni (ze znacznie lepiej rozwiniętym mózgiem), wymyślając o wiele bardziej skomplikowane fortele, wcale nie chcą dopełnić naturalnego obowiązku zapłodnienia kogokolwiek (przeważnie wręcz przeciwnie, bardzo się tego obawiają). Pragną jedynie czerpać z aktu seksualnego przyjemność, najlepiej z obcymi „samicami", nie zostawiając nic w zamian naturze. W swoim upodobaniu do obcych samic są bardzo podobni do samców gadów, których mózg zatrzymał się w rozwoju na najbardziej podstawowym etapie. Na przykład jaszczurki mają jedynie tzw. gadzi mózg (obecny także u człowieka), składający się wyłącznie z pnia. To tam jest źródło podstawowych fizjologicznych procesów. Jaszczurki nie mają ani kory mózgowej (odpowiadającej za myślenie), ani układu limbicznego (sterującego emocjami).

Mimo to, jak stwierdziła para amerykańskich zoologów, Laura Steele i William Cooper Jr, samce gekonów (łac. *Gek-*

konidae, duża rodzina 90 rodzajów i 800 gatunków jaszczurek) w okresie rui zachowują się bardzo podobnie jak pożądający mężczyźni. Pląsają, mają błogi wyraz pyska i poruszają ogonem — ale to popisy nie dla samicy, która jest obok i czeka w gotowości na akt zapłodnienia. Ta już cała do nich należy. Gekony robią to dla samic, które czasami zupełnie przypadkowo znalazły się na oznaczonym przez nie terenie. Samce te nie zważają na zmęczenie, stratę energii i czasu. W dodatku owe samice wcale nie muszą być płodne. Podniecony seksualnie gekon jest zadziwiająco podobny do mężczyzny, ale w jednym bardzo się od niego różni. Gekon zachowuje się, jakby myślał o przyszłości. Wiele samic oczarowanych ruchami ogona gekona pozostanie na jego terenie tak długo, aż jajeczka w nich dojrzeją. Samiec gekon także nie opuści tego miejsca, w nadziei, że może zostać po raz kolejny ojcem. Z kolei większość współczesnych mężczyzn, po nasyceniu swego pożądania, jak najszybciej zmieniłaby miejsce pobytu...

Czas, jaki mija u ludzi od wstępnego zainteresowania do zachowań seksualnych, jest wprawdzie dłuższy niż u szympansów, lecz krótszy niż na przykład u goryli. No ale goryle nigdy nie czytały Leśmiana. Spętany warunkami społecznymi i nakazami religii (niektórych), człowiek ograniczył swoją, do tej pory nieposkromioną, seksualność za pomocą ciasnych gorsetów, pijących pod sercem i pod podniesionymi do góry z podniecenia piersiami (kobiety), oraz zrobionych z drutu kolczastego etyki kagańców moralności (mężczyźni). Mężczyznom w tych kagańcach jest o wiele gorzej niż kobietom w gorsetach. Kobieta w gorsecie, nawet jeśli cierpi, wygląda powabnie; mężczyzna w kagańcu jest jak rozjuszony seksualnie wilk. Wynika to głównie z uwarunkowań ewolucyjnych.

Mężczyźni na całym świecie kopulują 50 miliardów razy rocznie, co daje około miliona litrów nasienia dziennie. Mężczyzna ma między nogami dwie fabryki, które bez przerwy, na cztery zmiany, w dzień i noc, produkują miliony ich malutkich genetycznych kopii. W każdej sekundzie na całym świecie mężczyźni produkują 200 bilionów plemników, co przekłada się na mizerne pięć urodzeń na sekundę! Kobieta rodzi nieporównywalnie małą liczbę dzieci w porównaniu do liczby dzieci, które może począć mężczyzna. Ewolucyjnie rzecz ujmując, na świecie istnieje ogromny przerost podaży spermy nad popytem na nią. Już sam ten fakt biologicznie determinuje większą poligamiczność mężczyzn.

Lecz aby być poligamicznym, trzeba pożądać. I to bardzo intensywnie. Teoretycznie nawet nieustannie. Natura (lub Stwórca) w związku z tym już na poziomie molekularnym wyposażyła mężczyzn w inną niż kobiety chemię pożądania. Zaopatrzyła ich w jądra produkujące testosteron (jego chemiczna nazwa to: *17ß-Hydroxy-androst-4-en-3-on*), którego poziom u mężczyzn jest o wiele wyższy niż u kobiet.

Ewolucję należy ganić (albo jej dziękować?) za to, że mężczyźni pożądają zazwyczaj młodych i atrakcyjnych kobiet. Bo im młodsza, tym więcej dzieci może mu urodzić. Im atrakcyjniejsza, tym bardziej atrakcyjne dzieci przyjdą na świat. Lepiej wyglądające potomstwo ma większe szanse na znalezienie atrakcyjnych partnerów. W ten sposób cykl się zamyka. Na dodatek atrakcyjność partnerki przyczynia się do zrównoważenia podaży spermy i popytu na nią. Akty seksualne z kobietami atrakcyjnymi (według badań amerykańskiego Instytutu Kinseya) trwają o wiele krócej niż te z mniej atrakcyjnymi.

Przy wysokim poziomie testosteronu mężczyźni mają jednocześnie bardzo niski poziom (w porównaniu z kobietami) oksytocyny i wazopresyny, dwóch peptydowych hormonów, które od dawna przez neurobiologów kojarzone są z utrzymaniem więzi społecznych i zaliczane do grupy tzw. hormonów wierności.

Szczególnie interesujące jest działanie oksytocyny na pożądanie mężczyzn. Jej poziom wpływa na tzw. czas refrakcji, czyli czas, jaki upływa od ejakulacji do możliwości następnej erekcji. U mężczyzn z niskim poziomem oksytocyny ten czas jest o wiele krótszy niż u mężczyzn z wysokim poziomem tego hormonu. Krótko mówiąc, mężczyzna potencjalnie mniej wierny „może drugi raz" po piętnastu minutach, podczas gdy ten bardziej wierny dopiero po piętnastu godzinach. Ewolucja jest także w tym wypadku niesprawiedliwa dla kobiet...

Jak już okazywało się wielokrotnie, pożądanie mężczyzn może być bardzo niebezpieczne... politycznie. Historia pokazuje, że dla pożądanych kobiet mężczyźni wywoływali wojny, w których wyniszczali całe narody lub zmieniali mapy świata. Wielu mężczyzn na tym świecie żyje według nieprawdziwej wskazówki w chwytliwym sloganie (wymyślonym notabene przez kobietę), twierdzącym, że „życie to pożądanie, cała reszta to tylko drobiazg". Pożądający mężczyźni — zdobywając za wszelką cenę kobietę — poszukują głównie potwierdzenia. Samopotwierdzenia. Nic ich tak nie umacnia w przekonaniu o własnej wartości jak kobieta, która krzyczy. Ale nie ze złości. Z rozkoszy.

CZY MĘŻCZYZNA MOŻE BYĆ WIERNY?

Kobiety pragną dużo seksu z mężczyzną, którego kochają. Mężczyźni natomiast chcą po prostu dużo seksu...

Już od pierwszego kontaktu mężczyzna ocenia kobietę z punktu widzenia pożądania. Nie patrzy na nią jak na potencjalną matkę, partnerkę, opiekunkę lub rozmówczynię. Patrzy na nią, często podświadomie, czysto seksualnie. Naukowcy z uniwersytetu w Padwie we Włoszech poddali badaniom reprezentatywną grupę mężczyzn i kobiet w różnym wieku, sporządzając tzw. mapę uwagi wzroku. Okazuje się, że w pierwszej minucie kontaktu mężczyzna najwięcej czasu poświęca piersiom kobiety, potem nogom, następnie twarzy — koncentrując się na ustach — po czym natychmiast kieruje wzrok na biodra. Badania obejmowały dwie grupy kobiet: ubranych w wyzywające stroje wieczorowe i w skromne biurowe. Kobiety poddane tym samym badaniom zatrzymywały swoją uwagę przez większą część pierwszej minuty głównie na twarzy i głowie mężczyzny. Jedyna statystycznie istotna fluktuacja dotyczyła mężczyzn w strojach wieczorowych. Około 8% czasu w pierwszej minucie kontaktu kobiety poświęciły oglądaniu okolicy rozporka.

Świadomość seksualna pojawia się u mężczyzn wcześniej niż u kobiet. U młodych chłopców jest ona ponadto o wiele ważniejsza niż u dziewcząt. Wbrew utartym przekonaniom już w tym wczesnym okresie mózg odgrywa w ich seksualności rolę porównywalną z rolą ich narządów płciowych. Chłopcy mogą osiągać orgazm, snując jedynie fantazje seksualne, bez prawdziwego kontaktu fizycznego. Mają erotyczne, prowadzące do polucji sny. Większość dziewcząt w ich wieku nie ma snów erotycznych.

Na skutek wysokiego stężenia testosteronu chłopcy są bardziej aktywni seksualnie niż dziewczęta. Specyficzny test przeprowadzony przez endokrynologa profesora Eberharda Nieschlaga z uniwersytetu w Münster w Niemczech wykazał, że testosteron (w tym wypadku jako steryd anaboliczny) jest podstawowym czynnikiem rozstrzygającym o budowie ciała i rejestrze głosu. Nieschlag stwierdził na podstawie swoich badań, że dobrze zbudowane basy z oznakami pierwszego zarostu mają o wiele więcej wytrysków tygodniowo niż tenory. W ogóle chłopcy częściej się masturbują, z większym uporem dążą do zaspokojenia seksualnego i choć dojrzewają wyraźnie później, wcześniej — napierani pożądaniem — rozpoczynają współżycie płciowe. Matki ostrzegają swoje córki, że młodemu mężczyźnie chodzi tylko o jedno, i zazwyczaj mają niestety rację. Potem córki same stają się matkami i sytuacja zmienia się radykalnie. Żal im, że mężczyźnie już o to nie chodzi, ale swoje córki ciągle ostrzegają.

Gdy chłopcy przeobrażają się w mężczyzn, pożądają z upływem czasu coraz mniej (przynajmniej kobiet, z którymi są aktualnie w stałych związkach). Pożądanie maleje stopniowo. Po roku stałego związku liczba aktów seksualnych par małżeńskich (według badań magazynu „Spiegel" z 1998 roku na 2400 parach) spada przeciętnie o połowę. Wystarczy jednak, że dojdzie do utraty lub zmiany partnerki, a poziom libido mężczyzny wraca do stanu wyjściowego. Fenomen ten znajduje natychmiast swoje wymierne odzwierciedlenie w wartości stężenia testosteronu we krwi mężczyzny.

Wyniki badań endokrynologów z uniwersytetu stanowego w Pensylwanii potwierdziły charakterystyczną prawidłowość: poziom testosteronu u mężczyzny po zawarciu małżeństwa (może nie od razu w noc poślubną) stopniowo spada, ale natychmiast rośnie, gdy dochodzi do rozwodu. Także w ten sposób tłumaczy się niezaprzeczalny fakt, że żonaci mężczyźni żyją przeciętnie dłużej niż kawalerowie lub rozwodnicy. Zbyt wysoki poziom testosteronu osłabia oraz spowalnia działanie systemu odpornościowego (upośledzając działanie białych ciałek krwi), prowadząc w ten sposób do większej i wcześniejszej umieralności. Związane jest to z wpływem poziomu testosteronu na działanie limfocytów T (tzw. limfocytów grasicozależnych), będących nośnikami odporności komórkowej, wyposażonych w zdolność unicestwiania obcych komórek. Wyniki badań przeprowadzonych w słynnej amerykańskiej Mayo Clinic (opublikowane w „Journal of Immunnology", listopad 2004) wskazują, że brak testosteronu bezpośrednio aktywizuje działanie limfocytów T, powodując zwiększoną odporność organizmu. Jak na razie obserwacje te poczyniono jedynie na wykastrowanych samcach myszy i nie można ich przenosić bezpośrednio na ludzi.

Notabene, wśród różnych przebadanych grup mężczyzn najniższy poziom tego hormonu stwierdzono u księży katolickich (według artykułu w amerykańskim czasopiśmie naukowym „Journal of Endocrinology" z 2001 roku).

Praktycznie wszystkie badania przeprowadzone w XX i na początku XXI wieku potwierdzają smutną tezę, że w dziedzinie seksu mężczyźni potrzebują (i poszukują) różnorodności. Doskonale wiedział o tym na przykład doktor Alfred Charles Kinsey, amerykański biolog, specjalista od owadów, który w latach pięćdziesiątych ubiegłego wieku na zlecenie rządu USA zarzucił swoje badania nad bzykaniem os owocówek i zajął się opracowywaniem raportów dotyczących zachowań seksualnych Amerykanów, szokując nimi purytańskie wtedy (ale także i dzisiaj) Stany Zjednoczone.

Kinsey, który rozmawiał na ten temat z tysiącami mężczyzn, doszedł do wniosku, że gdyby nie zakazy społeczne i kaganiec moralny, mężczyzna korzystałby bez wahania z absolutnej swobody seksualnej. Bonobo i Bogdan nie różnią się zbytnio w tym względzie. Męski promiskuityzm jest uwarunkowany ewolucyjnie. Swoboda seksualna została zapisana w męskich genach. Wie o tym każdy farmer w Ohio w USA lub rolnik z polskiego Mazowsza. Kiedy byk kończy kopulację z krasulą, jego zainteresowanie może być ponownie pobudzone wprowadzeniem mućki. Na siódmą z kolei krowę byk zareaguje tak samo silnie jak na pierwszą. Wystarczy tylko, żeby była inna. Podobnie zresztą zachowuje się baran, który mając do czynienia z tą samą owcą, nie może powtórzyć ejakulacji więcej niż pięć razy. Z inną owcą ejakuluje natychmiast.

To zjawisko ma nawet swoją nazwę: efekt Coolidge'a, i wywodzi się od nazwiska mało znaczącego w historii Stanów Zjednoczonych prezydenta. John Calvin Coolidge Jr (urzędował w latach 1923–1929) zwiedzał kiedyś wraz z małżonką rządową farmę kur. Małżonka w pewnym momencie zapytała przewodnika, ile razy dziennie kopuluje kogut. Odpowiedź brzmiała: „Dziesiątki razy". Prezydentowa Coolidge zażyczyła sobie, aby przekazano tę odpowiedź prezydentowi. Co też natychmiast uczyniono. Prezydent zapytał wtedy: „Za każdym razem z tą samą kurą?". Gdy usłyszał: „Za każdym razem z inną", polecił, aby natychmiast przekazano tę odpowiedź pani prezydentowej.

Pociąg seksualny u kobiet jest równie silny jak u mężczyzn lub nawet silniejszy. Jest natomiast w o wiele większym stopniu uzależniony od więzi emocjonalnej. Mężczyźni pozbawieni seksu częściej stają się ponurzy, drażliwi i agresywni. Kobiety w stanie celibatu rzadko doświadczają tych uczuć. Mężczyznom chronicznie brak po prostu seksu, kobietom — tego, co seksowi jedynie towarzyszy. Analiza socjologiczna ogromnego niekomercyjnego, towarzyskiego forum internetowego, znanego w USA pod nazwą Criagslist (ponad miliard odwiedzin od czasu powstania forum i ponad pięć milionów zarejestrowanych użytkowników), wskazuje, że opuszczone kobiety poszukują przede wszystkim namiastki bliskości, a seks ich w ogóle nie interesuje (przynajmniej w początkowej fazie).

Dla mężczyzn najbardziej liczy się częstotliwość aktów seksualnych i intensywność fizycznej przyjemności. Dla kobiet najważniejsze jest poczucie bliskości, której dostarcza lub którą imituje seks. I równie istotne jest dla nich poczucie bezpieczeństwa. Z analiz ankiet Instytutu Kinseya z roku 2001 (badającego jakość pożycia seksualnego par heteroseksualnych w czasie) wynika, że liczba kobiet przeżywających regularnie orgazm bardzo istotnie wzrasta tuż po zawarciu małżeństwa. Statystycznie rzecz biorąc, jeśli przed ślubem tylko jedna na sto kobiet deklarowała przeżywanie orgazmu, to po ślubie ta liczba wzrosła do pięćdziesięciu sześciu (sic!). Z kolei dla mężczyzn ta jakość (trudno mówić o braku orgazmu u mężczyzny) po ślubie została oceniona jako „istotnie lepsza" lub „lepsza" tylko przez sześciu na stu.

Związane to jest między innymi z różną dynamiką wytwarzania oksytocyny, hormonu odpowiedzialnego u wszystkich naczelnych za budowanie więzi społecznych. Kobiety produkują o wiele więcej oksytocyny niż mężczyźni. Każdy satysfakcjonujący stosunek seksualny z bliskim im mężczyzną prowadzi dodatkowo do zwiększonej produkcji tego hormonu. U mężczyzn poziom stężenia oksytocyny pozostaje generalnie stały. Poza tym, upraszczając trochę, kobieta „na oksytocynie" wzdycha z zadowolenia po seksie (nawet tym bez orgazmu). Mężczyzna zaczyna po prostu chrapać.

Wzorzec zachowań męskich w odniesieniu do seksu nie zależy od orientacji seksualnej. Tylko znikoma mniejszość homoseksualnych mężczyzn przejawia stereotypowe kobiece zachowania i ulega tzw. zniewieścieniu, wykazując czułość, opiekuńczość i mniejsze zainteresowanie seksem dla samych doznań fizycznych. Z kolei homoseksualne kobiety pozostają ukształtowane według normalnego wzorca kobiecego. Testosteron nie wydaje się dominować nad ich żeńskimi hormonami i cały czas pozostają aktywne przymioty typowo kobiece: czułość, wrażliwość i pragnienie bezpieczeństwa oraz bliskości.

Fizyczna przyjemność wynikająca z seksu według ankiet Instytutu Kinseya (1999 rok) znalazła się na jednym z ostatnich miejsc na skali wartości (u kobiet!). Krótko mówiąc: kobiety pragną dużo seksu z mężczyzną, którego kochają. Mężczyźni natomiast chcą po prostu dużo seksu. Wynika to głównie z różnicy reakcji na bodźce. Mężczyźni reagują głównie na dotyk i widok nagiego ciała, kobieta potrzebuje zasadniczo poczucia bezpieczeństwa i czułości.

Z tego też wynika sukces farmakologii w leczeniu zaburzeń erekcji u mężczyzn i porażka terapii w przypadku oziębłości płciowej kobiet. Viagra (substancja czynna to *sidenafil*), levitra (*vardenafil*) i ostatnio cialis (*tadalafil*) są bardzo skuteczne tylko w przypadku mężczyzn. Wszystkie trzy specyfiki nie są w żadnym wypadku afrodyzjakami i ich funkcja ogranicza się do zwykłej inhibicji jednego enzymu, PDE5 (phosphodiesteraza, rozkładająca wysokoenergetyczne związki fosforowe w komórce), powodującego zwiotczenie ścianek naczyń krwionośnych w ciele jamistym prącia. Podobnie specyfiki te powinny więc działać u kobiet, zatrzymując krew w łechtaczce. Jednakże tak nie jest. Skuteczność viagry i jej podobnych u kobiet nie przekracza 3%, podczas gdy u mężczyzn oceniana jest na ponad 70%.

Oziębłość seksualną kobiet trzeba leczyć inaczej, zaczynając od mózgu, a nie od łechtaczki. Najbardziej obiecującym, na dzisiaj, specyfikiem jest PT-141, poddawany aktualnie próbom klinicznym w Centrum Nauk Zdrowia przy uniwersytecie stanowym w Arizonie. PT-141 jest syntetycznym odpowiednikiem występującego także w mózgu peptydowego hormonu alfa-MSH (*alpha-melanocyte*).

Co ciekawe, głównym zadaniem tego peptydu jest pobudzanie pigmentacji skóry w celu ochrony przed oparzeniami spowodowanymi promieniowaniem ultrafioletowym słońca. W trakcie badań nad PT-141 większość mężczyzn, przyjmujących ten specyfik, zyskiwała wyjątkową dla nich opaleniznę. Ale nie tylko. Ponad 83% w swoich raportach informowała o przypadkach niekontrolowanej, długotrwałej erekcji. Podobny stan pobudzenia seksualnego notowały kobiety. Istnieje więc duża szansa na to, że wkrótce wszyscy mężczyźni będą opaleni, a kobiety nie tylko opalone, ale i zadowolone...

Twierdzenie, że kobiety nie potrzebują orgazmu, aby czerpać przyjemność z seksualnej bliskości, jest podobne do jeszcze bardziej absurdalnego stwierdzenia, iż bezdomny śpi na ulicy, bo tak lubi. Ignorancja mężczyzn wobec znaczenia orgazmu dla kobiet ma, niestety, bardzo długą historię. Jeśli jakąś bzdurę powtarza się przez tysiące lat, to w końcu zaczyna ona być obowiązującą regułą lub nawet dogmatem.

Pierwszy raz wprowadził ją w obieg, bardzo dawno temu, w 125 roku naszej ery, niejaki Soranos z Efezu, najbardziej znany ginekolog i położnik starożytności. W jednym ze swoich manuskryptów napisał, że „nie jest zupełnie istotne, czy kobieta odczuwa przyjemność", liczy się tylko orgazm mężczyzny. Ta wygodna dla mężczyzn (ze względu na przedwczesne wytryski, hedonistyczny egoizm, brak znajomości mapy kobiecego ciała itp.) teoria rozpowszechniła się bardzo szybko i chociaż nieprawdziwa, obowiązywała przez wieki. Gdy w 1859 roku lekarz Pierre Briquet odkrył u kobiet orgazmy powodowane drażnieniem łechtaczki, zakwalifikował je jako dowód „niebezpiecznej histerii". Na tyle groźnej, że dwadzieścia lat później jego kolega po fachu, także Francuz, niejaki doktor Zambacco, doradzał władzom Francji wypalanie łechtaczek rozżarzonym żelazem, aby „zapobiec postępującej demoralizacji". Jeszcze dzisiaj, w XXI wieku, w niektórych krajach afrykańskich młodym kobietom wycina się łechtaczki niejednokrotnie zardzewiałym, tępym nożem.

W tym samym XIX wieku w pobliskiej Anglii, chełpiącej się „demokracją", szalał na dobre wiktoriański purytanizm, pełen obłudy i niebywałego zakłamania. Kobieca seksualność była tam absolutnie negowana i potępiana. Dziewiętnastowieczny angielski gentleman, znakomicie radzący sobie w świecie podwójnej moralności, pozorów i fałszu, wieczorami chętnie odwiedzał liczne burdele (w 1858 roku w samym tylko Londynie było 3335 domów publicznych, zatrudniających ponad 30 tysięcy prostytutek; w tym samym roku w Paryżu domów publicznych było tylko 204), a rano czytał pseudonaukowe wynurzenia wiktoriańskiego seksuologa, ówczesnego autorytetu, niejakiego doktora Williama Actona. Twierdził on kategorycznie, że „większość kobiet w bardzo niewielkim stopniu niepokoją jakiekolwiek odczucia seksualne".

Z drugiej strony ten sam doktor Acton nie omieszkał, ku ogromnej radości gentlemanów znad Tamizy, ogłosić w jednej ze swoich prac: „Niepodobna przecenić siły pożądania seksualnego". Oczywiście miał na myśli wyłącznie mężczyzn. W Londynie tamtych czasów nikt, rzecz jasna, tego nie przeceniał. Nigdy w historii tego miasta nie było tam tylu prostytutek co wtedy, i to w epoce krańcowej pruderii. I nigdy nie było w burdelach aż tylu atrakcji. Stylizowane średniowieczne izby tortur, zestawy pejczów, batów oraz rózg, i przede wszystkim dziewicze dziwki. Chociaż seks z kobietami poniżej dwudziestego pierwszego roku życia był w Anglii od 1850 roku zabroniony, nikt się tym przepisem specjalnie nie przejmował. Ponieważ cena za seks z dziewicą (dziewice rzadko były zarażone kiłą lub syfilisem) była najwyższa, do wiktoriańskich burdeli w Londynie, Liverpoolu, Manchesterze i Edynburgu bardzo często trafiały — nierzadko sprzedawane w niewolę przez rodziny — nawet dwunastoletnie dziewczynki (pisze o tym Nickie Roberts w niezwykłej książce *Dziwki w historii. Prostytucja w społeczeństwie zachodnim*, Warszawa 1997; polecam tę książkę wszystkim feministkom!).

Być może działo się tak dlatego, że wiele kobiet ówczesnej Anglii uległo presji królowej matki Wiktorii oraz takich oszołomów jak Acton i z całych sił wypierało się swojej seksualności. Odczuwanie, a tym bardziej okazywanie, jakiejkolwiek radości płynącej z małżeńskiego seksu, świadczyło o krańcowej demoralizacji i nijak nie przystawało do modelu zachowania prawdziwej angielskiej lady. Nic więc dziwnego, że matki przed nocą poślubną pouczały swoje panicznie wystraszone córki: „Zamknij oczy, zaciśnij zęby, rozłóż nogi i myśl, że robisz to dla Anglii".

Ale nawet w tamtych czasach były wyjątki. Nie robiła tego z pewnością ani dla swej ojczystej Francji, ani tym bardziej dla Anglii, niejaka Aurora Dupin, namiętnie paląca cygara urocza brunetka, znana bardziej jako George Sand. Wielu twierdzi, że oddawała się temu z przyjemnością między innymi dla Fryderyka Szopena. Ale nie tylko dla niego. Także dla francuskiej aktorki Marie Dorval (szok w tamtych czasach), francuskiego malarza Alexandre'a Manceau i francuskiego pisarza Alfreda de Musseta.

Pisarka George Sand rozpowszechniała to, co wtedy było niebezpieczną herezją: „Kobiety odczuwają pociąg seksualny równie silny jak mężczyźni, a różnica między płciami polega na tym, że ci ostatni w większości nie są zdolni do wytrwania dłużej w jednym związku". Dzisiaj pisują takie zdania seksuolodzy z naukowymi tytułami. Dla wielu ówczesnych mężczyzn była to jednak nieznośna prowokacja wyuzdanej lesbijki. Nazywano ją kobietą myślącą dupą, Nietzsche nazwał ją piszącą krową, a Baudelaire latryną.

Na szczęście dzisiaj, w zachodnich cywilizacjach, mężczyźni coraz lepiej rozumieją istotę i znaczenie kobiecego orgazmu, chociaż ciągle jeszcze sądzą, że ich własny jest jednak ważniejszy. I najczęściej tylko na tym swoim się skupiają. Mężczyźni, pomimo całej powszechnie dostępnej wiedzy, temat znaczenia kobiecej satysfakcji seksualnej ciągle traktują niezbyt poważnie. Wielu z nich nieustannie trwa w dziwacznym przekonaniu, że seks i gra w golfa mają ze sobą wiele wspólnego: nie trzeba być w tym dobrym, aby czerpać z tego radość. Dosadnie i zabawnie ujął to znany amerykański pisarz (i komik telewizyjny) Lewis McDonald Grizzard Jr, twierdząc, że „dzisiaj, odkąd także kobietom sprawia to przyjemność, seks to już nie to samo co kiedyś". Burzliwa historia kobiecego orgazmu to temat na oddzielną książkę...

Mężczyźni mogą, niestety, pożądać wielu kobiet jednocześnie. Można za to ganić głównie ewolucję. Russell Clark i Elaine Hatfield, para amerykańskich psychologów i seksuologów zasłużonych dla nauki o uwarunkowanych ewolucyjnie zachowaniach ludzkich, przeprowadzili w latach 1978–1982 na uniwersytecie stanowym na Florydzie serię eksperymentów mających na celu porównanie gotowości kobiet i mężczyzn do całkowicie przygodnych kontaktów seksualnych. W ramach jednego z tych doświadczeń wysłali na kampus uniwersytecki atrakcyjną młodą kobietę, która poznawała przypadkowych studentów i po krótkiej rozmowie proponowała im trzy różne, nie wykluczające się opcje: 1. pójście na kolację, 2. pójście do jej mieszkania, 3. seks w jej mieszkaniu. Około 69% mężczyzn było gotowych natychmiast pójść z nią do mieszkania i aż ponad 72% mężczyzn bez wahania przyjęło propozycję seksu. Tylko 53% chciało zjeść z nią kolację. Identyczny eksperyment, tyle tylko że z atrakcyjnym młodym mężczyzną jako „przynętą", wykazał, że jedynie 3% kobiet zdecydowało się pójść do mieszkania z nieznajomym, przy czym żadna (!) z nich nie zgodziła się na seks. Około 50% kobiet było jednakże gotowych zjeść z nim kolację.

Oprócz różnic w podejściu do spontanicznego seksu (dla mnie wcale nie zdumiewających, chociaż bardzo dawno przestałem być studentem) interesujący wydaje się fakt, że mężczyznom łatwiej pójść z kobietą do łóżka niż na spacer lub kolację. Psycholodzy ewolucyjni tłumaczą te wyniki jako uwarunkowane czysto biologicznie. Mężczyźni mogą poprzez przypadkowe kontakty seksualne z obcymi kobietami spłodzić więcej dzieci i zmniejszyć z przyjemnością ogromny przerost podaży spermy na świecie, podczas gdy kobiety, które mogą urodzić tylko ograniczoną liczbę dzieci w swoim życiu, muszą bardzo ostrożnie wyszukiwać potencjalnych ojców, rezygnując z przyjemności. Krótko mówiąc: dla mężczyzn liczy się ilość, dla kobiet jakość. Kobiety lubią zakupy, ale jeśli chodzi o geny, to kupują je nadzwyczaj ostrożnie.

Według Davida Barasha, psychologa i biologa z uniwersytetu w Seattle, takie zachowanie kobiet jest naturalne. Nienaturalna, według niego, jest uwarunkowana ograniczeniami społeczno-etycznymi teza, że kobieta, aby być szczęśliwa, powinna posiadać mężczyznę na wyłączność. Większość współczesnych kobiet nie zgadza się z Barashem. W zupełnym odróżnieniu od jeszcze większej liczby mężczyzn.

Tendencja do poligamiczności u mężczyzn nie zależy od tego, czy są lub czy nie są w trwałym związku z jedną kobietą. Około 72% mężczyzn w wieku do 55 lat myślało o zdradzie (według badań magazynu „Time" z roku 2001), ale tylko 56% się jej dopuściło. Swoje partnerki częściej zdradzają żonaci mężczyźni niż kawalerowie pozostający w trwałych związkach. Miał rację Mark Twain, mówiąc: „To nieprawda, że żonaci mężczyźni, widząc piękną kobietę, zapominają, że są żonaci. W tym momencie najbardziej boleśnie sobie ten fakt przypominają". Niestety, przypominają sobie o tym zbyt rzadko i najczęściej za późno...

Inne badania z 2001 roku, przeprowadzone na amerykańskich studentach, wykazały, że podczas gdy kobiety w czasie całego życia chciałyby mieć średnio czterech, pięciu partnerów, to mężczyźni marzą o osiemnastu kobietach. Około 32% mężczyzn, gdy rozpuści wodze swojej wyobraźni, marzy o seksie z ponad tysiącem partnerek. U kobiet takie marzenia pojawiały się tylko u 8% badanych.

Doskonale kwintesencję męskiego promiskuityzmu ujął znany specjalista z dziedziny psychologii ewolucyjnej, profesor David M. Buss z uniwersytetu w Austin, w stanie Teksas, kiedy w jednej z książek napisał o typowym męskim seksualnym marzeniu: „Jestem burmistrzem małego miasteczka, pełnego nagich dziewcząt w wieku od 20 do 24 lat. Przechadzając się ulicami, wybieram najładniejszą w danym dniu dziewczynę, która mi się natychmiast oddaje. Wszystkie kobiety są mi uległe, ilekroć mam na nie ochotę".

Fantazje seksualne mężczyzn (nie tylko studentów) badano także ostatnio (lata 2004–2005) na znacznie liczniejszej grupie w ankietach Instytutu Kinseya. Okazało się, że aż ponad 86,8% mężczyzn pozostających dłużej niż siedem lat (to nie przypadek z tymi siedmioma latami, ale o tym później) w trwałym związku z jedną kobietą, rozładowując — poprzez masturbację — seksualnie umotywowane napięcie, fantazjuje przy tym o zupełnie innej kobiecie niż ich stała partnerka. Z kolei u pozostałych badanych w ich fantazjach pojawia się wprawdzie stała partnerka, ale o wiele rzadziej niż inne kobiety. I na dodatek u około 4% mężczyzn często jako jedna z dwóch lub nawet trzech kobiet. Ponadto zapytani w ankiecie, dlaczego w ogóle się masturbują, pozostając w stałym związku z kobietą, bardzo często z brutalną szczerością odpowiadali: „Bo dla kilku chwil przyjemności nikomu nie muszę okazywać swoich względów".

Jeśli chodzi o zadziwiająco często pojawiającą się tajemniczą liczbę siedmiu lat w historii związków pomiędzy kobietą i mężczyzną, to dla neurobiologów i antropologów nie jest ona wcale tajemnicza. Według Helen Fisher siódmy rok jest bardzo niebezpieczny dla każdego związku. Stan zakochania nieubłaganie mija w najlepszym wypadku w połowie piątego roku (Fisher podaje, że mediana rozwodów na świecie, według badań Światowej Organizacji Zdrowia, plasuje się w połowie piątego roku trwania związku). Poziom stężenia narkotycznej, amfetaminowej, powodującej miłosny „haj" fenyloetyloaminy w mózgu obniża się do poziomu „sprzed zakochania", a endorfiny (podobne w chemicznym działaniu do heroiny i przyjmowane w mózgu przez te same receptory) pojawiają się wyłącznie podczas coraz rzadszych zbliżeń. Kobieta to podświadomie czuje i dla bezpieczeństwa związku rodzi dziecko, które przytrzymuje mężczyznę średnio na mniej więcej trzy lata. Cztery + trzy = siedem. Zwykła, okrutna arytmetyka naukowców, przełożona na odpowiadającą tej arytmetyce liczbę pozwów rozwodowych w sądach — w Polsce, zjednoczonej jak na razie Europie, w Australii oraz w Ameryce.

Najrzadziej zdradzają biedni mężczyźni i partnerki bogatych facetów. Tylko jedna na sto kobiet związanych z mężczyznami z bogatych elit dopuszcza się zdrady, podczas gdy partnerki mężczyzn bezrobotnych — w około 30%. Odwrotnie jest w przypadku mężczyzn. Im biedniejszy, tym wierniejszy. Nie wynika to z żadnych biologicznych lub neurochemicznych uwarunkowań. Tak samo pożąda żebrak siedzący przed bankiem jak i prezes owego banku, na którego czeka przed miejscem pracy limuzyna. Tyle że ten ostatni ma o wiele więcej możliwości realizowania swojego pożądania.

Pożądanie (głównie mężczyzn) obwarowane jest szeregiem zakazów w trzech wielkich światowych religiach monoteistycznych: islamie, judaizmie i chrześcijaństwie. Mimo wielu różnic wszystkie w mniejszym lub większym stopniu uznają dekalog przekazany światu przez Mojżesza. Trzy przykazania z tego dekalogu: szóste, dziewiąte i dziesiąte — sformułowane jako zakazy — dotyczą bezpośrednio pożądania, które szczególnie w średniowieczu było traktowane jako coś bardzo brudnego, niebezpiecznego, grożącego śmiercią lub w najlepszym przypadku trwałym kalectwem.

To właśnie średniowieczne chrześcijaństwo odcisnęło na pożądaniu piętno grzechu i najgorszego przewinienia oraz ustaliło „tabu spermy i krwi", wprowadzając nawet zakaz myślenia o seksie. Stosunki płciowe, nie mające za główny cel prokreacji, równały się prostytucji. Takie podejście do pożądania osiągnęło swoje absurdalne apogeum w XII wieku, kiedy to paryski teolog Hugo z opactwa świętego Wiktora uznał, że nawet seks małżeński jest „wszeteczny", ponieważ „spółkowanie rodziców nie odbywa się bez żądzy cielesnej, poczęcie dzieci nie dokonuje się bez grzechu". Wprawdzie w XIII wieku Tomasz z Akwinu odważył się zaprzeczyć Hugo, twierdząc, że we współżyciu małżeńskim przyjemność czerpana z aktu płciowego jest w pewnych granicach dozwolona, ale był to głos wołającego na średniowiecznej puszczy. Zresztą głos na wiele wieków zupełnie zapomniany.

To były jednakże dziwne i bardzo mroczne czasy. Co ciekawe, za rozwiązłość karano głównie kobiety, zakładając, że one właśnie są źródłem wszelkiego zła. Trudno się temu zresztą dziwić. W jednej z ksiąg Biblii, Mądrości Syracha, czytamy: „Początek grzechu przez kobietę i przez nią też wszyscy umieramy” (Syr 25, 24). Mężczyźni co najwyżej w chwilach słabości ulegają pokusom i nie potrafią opanować swojej buzującej chuci. W XIII wieku palenie na stosie tzw. czarownic było częstym, popularnym i bardzo widowiskowym wydarzeniem. Czarownicom przypisywano wszystkie brudy „cielesnego upodlenia”, jakim był seks. Łącznie z przekonaniem, że spółkowały z diabłami, które wypełniały je lodowatą spermą.

Okres renesansu też nie był lepszy. Mitem jest liberalizm tamtej epoki. Najpierw narzucono podatki, a potem zabrano się do wprowadzania seksualnych rygorów, nie mniej dotkliwych niż w średniowieczu. We Włoszech w XVI wieku cudzołóstwo karano więzieniem, niewierne kobiety rozbierano do pasa i poddawano chłoście, a uwiedzenie nieletniej karano śmiercią. W cromwellowskiej, pozornie bardzo liberalnej Anglii cudzołożnice były skazywane na śmierć (ale cudzołożnicy nie!). W średniowieczu ladacznice wypędzano po prostu z miasta, w renesansie natomiast zakazano prostytucji i wprowadzono karę publicznej chłosty za tego rodzaju wykroczenie, a stręczycielki karano wywożeniem na ciężkie roboty. We Francji w okresie rządów Ludwika XIV każdej młodej kobiecie przyłapanej z żołnierzami obcinano nos i uszy. W protestanckiej Anglii (protestantyzm słynie z tego, że jest bardziej liberalny niż katolicyzm) za rządów Henryka VII homoseksualistów wieszano, orzekając, że... „dopuścili się zdrady stanu” (sic!). I wszystko to działo się w czasach przymykania oczu na miłosne podboje Don Juana i Casanovy oraz na twórczość Szekspira, Rembrandta, Moliera i Racine’a...

Z drugiej strony pożądanie mężczyzn było rodzajem świadectwa ich wartości. Szanowanym i zacnym członkiem społeczności mógł być tylko pożądający mężczyzna. Sam Mojżesz powiedział: „Nikt, kto ma zgniecione jądra lub odcięty członek, nie wejdzie do zgromadzenia Pana" (Pwt. 23, 2). W imperium rzymskim z kolei kastraci nie mieli prawa świadczyć w sądzie. Wynikało to z przebiegu ceremonii składania przysięgi. Mężczyźnie kładziono wówczas dłoń na jądrach, których kastraci już nie posiadali.

Mężczyźni rzadziej niż kobiety utożsamiają pożądanie (nie swojej partnerki/partnera) z grzechem. Ponad 31% kobiet uważa, że to grzech pożądać innego mężczyzny, ale tylko 11% mężczyzn myśli tak o pożądaniu innej kobiety. Co ciekawe, obie płcie wykazują w ankietach tak samo silne przywiązanie do wiary.

À propos grzechu. Religia ma szczególny wpływ na zachowania seksualne. Przynajmniej w Polsce. Mimo postępującego rozluźnienia obyczajowości seksualnej nastolatków, Polska w porównaniu z innymi krajami europejskimi jest pod tym względem jeszcze w stosunkowo dobrej sytuacji. Dowodzi tego analiza wyników zakrojonych na bardzo szeroką skalę badań przeprowadzonych w ramach programu „Health Behaviour in School-aged Children", którym objęto ponad trzydzieści krajów. Polska należy do grupy krajów o najniższym procencie młodzieży, która przyznała się do inicjacji seksualnej przed piętnastym rokiem życia.

Jak wynika z badań przeprowadzonych przez Instytut Statystyki i Demografii Szkoły Głównej Handlowej w Warszawie, istotnym czynnikiem opóźniającym inicjację seksualną młodzieży w Polsce jest system wartości wynikający bezpośrednio z przekonań religijnych. W grupie młodzieży studenckiej, dla której religia miała duże znaczenie, 71% kobiet i 68% mężczyzn nie podjęło współżycia, podczas gdy wśród tych, dla których religia nie miała większego znaczenia, odsetek bez doświadczenia inicjacji seksualnej był na poziomie poniżej 25% dla mężczyzn i 27% dla kobiet.

Nie oznacza to wcale, że ich życie automatycznie jest lepsze lub szczęśliwsze. Porównania tzw. poziomu szczęścia (socjologiczne badania specjalnie powołanej komisji Unii Europejskiej w ramach programu z 2005 roku) Polaków i skrajnie ateistycznych, bliskich nam kulturowo i geograficznie Czechów, którzy z natury negują dogmaty wszelkich religii, wykazują, że różnice są małe i nieistotne. Wskaźnik częstotliwości rozwodów w Czechach i w Polsce jest, statystycznie rzec biorąc, identyczny. Prawie identyczne wskaźniki notuje się — na podstawie anonimowych ankiet — odnośnie do częstotliwości dokonywania aborcji (dozwolonej w Czechach!).

W krajach wyznaniowych, takich jak na przykład Iran, gdzie obowiązują drakońskie przepisy i grożą dotkliwe kary za przed- lub pozamałżeński seks, mężczyźni wcale nie pożądają mniej lub inaczej. Wiedzą o tym (pewnie z własnego doświadczenia) rządzący tymi państwami. Szyicki islam w Iranie sprytnie wykorzystał prawo do wielożeństwa (mężczyzna może tam mieć do czterech żon) i wprowadził instytucję tzw. małżeństwa na próbę.

Na pierwszy rzut oka to bardzo dobry pomysł. Młodzi mogą poznać się przed ślubem, aby uniknąć popełnienia życiowego błędu. Na drugi rzut oka (które władze w Teheranie przymykają) nie jest tak pięknie. „Małżeństwo na próbę" otworzyło na oścież furtkę do zalegalizowanej prostytucji (ta nieoficjalna jest oczywiście zakazana).

Często niemłodzi, żonaci Irańczycy upatrują sobie chętną lub będącą w trudnych warunkach materialnych kobietę, prowadzą ją do notariusza, w którego obecności podpisują kontrakt „małżeństwa na próbę". Według irańskiego prawa okres objęty takim kontraktem może trwać od kilku minut (sic!) do 99 lat. Pierwsza żona nie musi nawet o tym wiedzieć (i z reguły nie wie). Koszty notarialne wynoszą w przeliczeniu około 70 zł. Najczęściej prosto od notariusza „młoda para" przenosi się do jakiegoś innego, bardziej przytulnego pomieszczenia, gdzie wolno jej natychmiast „skonsumować" właśnie zawarte małżeństwo. Po upływie terminu ważności kontraktu małżeństwo przestaje istnieć — tak jakby go w ogóle nie było.

W 2005 roku liczba „małżeństw na próbę" w Iranie wzrosła o 45% w porównaniu z rokiem 2004, jak alarmował latem 2006 roku w specjalnym dodatku dla młodzieży irańskiej teherański dziennik „Hamschahri". Autorzy artykułu głównie martwili się o dziewictwo, które — teoretycznie — kobieta powinna wnosić w posagu. Na to także przymyka się w Iranie oko. Koran nigdzie nie orzeka, że dziewice będą lepszymi żonami. Nawet wręcz przeciwnie. Tylko jedna żona Mahometa była dziewicą przed nocą poślubną. I wcale nie stała się przez to jego najbardziej ulubioną...

W judaizmie, czego najlepszy przykład stanowi dzisiejszy Izrael, oficjalnie seksualizm regulowany jest przez bardzo szczegółowe i często egzotyczne dla Europejczyków prawa. Seks pozamałżeński i homoseksualizm, z religijnych powodów, są absolutnie zakazane. Zbliżenia płciowe (łącznie z jakąkolwiek formą dotyku) w trakcie menstruacji kobiety są zabronione i potępiane. Zakaz ten rozciąga się także na tydzień po ustaniu krwawienia. Dopiero po tygodniu od końca menstruacji kobieta „oczyszcza się" w trakcie rytualnej kąpieli (heb. *mikwe*) i tego wieczoru może dojść do zbliżenia małżonków. Jest to nie tylko dozwolone, ale także oczekiwane. Poza tym u ultraortodoksyjnych Żydów seks, do którego nie dochodzi w ciemności, jest także zakazany. Podobnie jak seksualne fantazje dotyczące własnej żony (sic!) oraz przypatrywanie się jej genitaliom. Seks oralny wykonywany przez kobietę (*fellatio*) jest dozwolony, ale odwrotnie, wykonywany przez mężczyznę z kobietą (*cunnilingus*) — zakazany. Od niedawna dozwolone jest stosowanie viagry przez mężczyzn, pod warunkiem że przyjmowana jest ona w postaci żelatynowych kapsułek, które, jak zdecydował przed dwoma laty jeden z rabinów, są w tej formie koszerne. Z powodów rytualnych wszyscy żydowscy chłopcy zostają osiem dni po urodzeniu obrzezani. Wiąże się to z bardzo starą tradycją symbolicznego związku z Bogiem. Ta tradycja ma dzisiaj bardzo praktyczne i pozytywne konsekwencje. Liczba kobiet dotkniętych rakiem szyjki macicy jest w Izraelu o wiele niższa niż w innych krajach. Obrzezani mężczyźni wprowadzają do ich pochew o wiele mniej patogennych drobnoustrojów (nie tylko bakterii i wirusów).

Paradoksalnie brak pożądania u mężczyzn jest i był od zarania dziejów potępiany. Ponad osiemnaście wieków temu Klemens Aleksandryjski, pisarz i teolog chrześcijański, założyciel słynnej aleksandryjskiej szkoły katechetycznej, napisał: „Eunuchem nie jest ten, kto nie może, ale ten, który czuje niechęć do namiętności". Miał intuicję i bardzo dużo racji. Kastracja nie zawsze natychmiast eliminuje pożądanie seksualne. Stosunkowo duża liczba mężczyzn przejawia aktywność seksualną nawet do dwóch lat po kastracji. Niezależnie od tego, w jakim wieku pozbawia się mężczyzn jąder, większość z nich może mieć erekcję. Dlatego też w haremach perskich sułtanów „pracowali" eunuchowie (*eunouchos* po grecku oznacza „strażnika łoża") pozbawieni i jąder, i, dla zupełnej pewności, penisa. Gdy zwyczaj kastracji (jednakże bez usuwania penisa) przeniósł się z czasem do Chin, eunuchowie uzyskali nawet prawo posiadania żony.

Kastracja w sensie fizycznym (w postaci zabiegu chirurgicznego) zniknęła tak naprawdę dopiero w latach siedemdziesiątych XVIII wieku, po wprowadzeniu w życie specjalnego zakazu papieskiego. Trudno jednak nie zgodzić się z Woodym Allenem, który twierdzi, że dzisiaj można mężczyznę wykastrować bez skalpela, jednym zdaniem: „Wolałabym, abyś był moim przyjacielem niż kochankiem".

MĘŻCZYZNA MOLEKULARNY

Jest bardzo prawdopodobne, że Don Juan był tylko miłosnym ćpunem, uzależnionym od endorfin syntetyzowanych przez jego mózg podczas pożądania.

Nadmierne — dla tzw. normalnych ludzi pozornie nieuzasadnione — pożądanie, regularnie zaspokajane lub nie, może przerodzić się w chorobę określaną jako erotomania. Przez neurobiologów uzasadniana jest ona silnym uzależnieniem od narkotycznych, endogennych opiatów (endorfin), wytwarzanych podczas dążenia do orgazmów i osiągania ich (erotomanię powodować mogą również przypadki choroby Alzheimera, guza mózgu, encefalopatii i padaczki).

Jest bardzo prawdopodobne, że pierwowzór literackiego Don Juana DeMarco był swoistego rodzaju „miłosnym ćpunem". Podobnie zresztą jak słynny Giovanni Giacomo Casanova (1725–1798), podający się za arystokratę syn pary biednych aktorów cyrkowych z Wenecji. Analiza jego spisanych wspomnień dowodzi, że był nałogowcem seksualnym. Hiszpański endokrynolog doktor Gregorio Marafion w jednej z publikacji określił Casanovę jako „typ eunuchowaty", nieustannie dążący do udowodnienia swojej sprawności seksualnej, w którą sam nie wierzył. Niewiarygodne, ale Casanova bardzo często korzystał z usług prostytutek. Jak twierdzi w pamiętnikach, w jednej z nich, Charpillon z Londynu, „zakochał się". Dość niefortunnie, bo właśnie ona zaraziła go rzeżączką, na którą umarł.

Szczegółowe badania, oparte na skaningu mózgów erotomanów metodami funkcjonalnego rezonansu magnetycznego (fMRI), wykazały, że za nadmierne pożądanie odpowiada obszar niewielkiej sieci neuronowej — zwany ścieżką nagrody — zlokalizowany w środkowej części mózgu (tzw. układzie limbicznym). Obszar ten jest aktywowany przez dopaminę, określaną jako neuroprzekaźnik szczęścia. Ścieżka nagrody jest stymulowana dopaminą pozytywnie, gdy zostają zaspokojone takie ewolucyjnie pierwotne potrzeby, jak głód, pragnienie, bezpieczeństwo lub popęd płciowy. Ścieżka nagrody jest tym fragmentem naszego mózgu, który odpowiada za ogólne pobudzenie, odczuwanie przyjemności i motywację do zdobywania nagród. Dopamina to swego rodzaju analityk i operator, który przydziela mózgowi ludzkiemu nagrodę lub natychmiast podnosi alarm, gdy nagroda ta okazuje się poniżej oczekiwanego poziomu.

U osób uzależnionych od substancji chemicznych (np. narkotyki, nikotyna, alkohol) obszar ścieżki nagrody jest stymulowany pozytywnie dopiero po doprowadzeniu do uwolnienia dopaminy na skutek wprowadzenia do organizmu tych substancji. Natychmiast po ich zniknięciu z organizmu dochodzi do dramatycznego spadku poziomu stężenia dopaminy, a co za tym idzie, do gwałtownego obniżenia nastroju — czyli osoby uzależnione od stanu euforii przechodzą do stanu dotkliwego głodu, który mogą zaspokoić wyłącznie nową dawką substancji. Bardzo obrazowo ujął to George D. Carlin — znany amerykański muzyk, ale przede wszystkim satyryk, wyśmiewający obłudę społeczeństwa USA — opisując kokainistów: „Kokaina czyni z ciebie nowego człowieka, a pierwszą rzeczą, której pragnie ten nowy człowiek, jest więcej kokainy”.

Trzy tak zwane twarde narkotyki: LSD, amfetamina i kokaina, zwiększają stężenie dopaminy w mózgu i w ten sposób działają podniecająco seksualnie. Podobnie notabene działa Lewodopa (L-DOPA), lek stosowany od dawna w leczeniu choroby Parkinsona. Wiedzą o tym z doświadczenia i młode pielęgniarki w wielu szpitalach, i niezwykle zdumione nagłym, dziwnym zachowaniem swoich małżonków niemłode już żony, które nie liczyły na erotyczne przygody — i to z własnymi mężami — tuż przed jubileuszem złotych godów. Nagle, na skutek zdobyczy farmakologii, z kobiet, które były już tylko wzruszającym erotycznym wspomnieniem swoich mężów, muszą ponownie, często bardzo niechętnie, stać się kochankami.

Działaniu (także temu proseksualnemu) dopaminy przeciwstawia się inny ważny neuroprzekaźnik: serotonina. Jej obecność w mózgu służy przede wszystkim zapobieganiu natężenia niepohamowanej reakcji na bodziec. To zapobieganie jest niezbędne, aby człowiek mógł odczuć w końcu stan nasycenia. Tylko takie nasycenie uzasadnia zakończenie jakiejkolwiek niosącej przyjemność czynności (bez serotoniny ludzie jedliby na przykład bez końca).

Przy braku lub zbyt niskim stężeniu serotoniny i utrzymującym się wysokim poziomie dopaminy takie uzasadnienie nie istnieje. Doktor Donatella Marazziti, psychiatra (wyjątkowo atrakcyjna blondynka) z uniwersytetu w Pizie, wykazała, że u osób zakochanych poziom serotoniny wyraźnie się obniża. I to do wartości typowej dla ludzi cierpiących na nerwice natręctw (zwanych obecnie zaburzeniami obsesyjno-kompulsywnymi). Nieopanowana obsesja konieczności mycia rąk co pięć minut i miłość mają ze sobą wiele wspólnego. Przynajmniej na poziomie molekularnym.

Zablokowanie (metodami inżynierii genetycznej) produkcji serotoniny w mózgu szczura powoduje wręcz nałogową aktywność seksualną i nieograniczone łaknienie. Trudno określić, czy biedne otyłe szczury zdychają (a zdychają bardzo szybko) z powodu depresji spowodowanej brakiem możliwości zdobycia samic, które z łatwością przed nimi uciekają, czy też z powodu przejedzenia, prowadzącego do skrajnego otłuszczenia serca. Serotonina jest niezbędna, aby zrównoważyć działanie dopaminy.

Badania na reprezentatywnej grupie „wyleczonych" alkoholików wykazały, że u wielu z nich po wyjściu z alkoholizmu pojawia się tendencja do erotomanii. Już w latach trzydziestych ubiegłego wieku zwrócił na to uwagę doktor William Duncan Silkworth, który jako pierwszy na świecie uznał alkoholizm za chorobę i zdjął z niej odium słabości charakteru. Dzisiejsi naukowcy uzasadniają to prostą zamianą stymulantów ścieżki nagrody przy ciągle niskim poziomie stężenia serotoniny w mózgach osób uzależnionych od pobudzenia dopaminowego. Wskazywałoby to na prawdziwość dość smutnej reguły, która mówi, że suma uzależnień u człowieka pozostaje ponoć przez całe życie stała. Zmieniają się jedynie jego uzależnienia.

Środki halucynogenne przyrządzane z konopi i niektórych grzybów także skutecznie pobudzają seksualną nić ścieżki nagrody. Według badań Williama Mastersa i Virginii Johnson, klasyków seksuologii, ponad 75% mężczyzn regularnie palących konopie lub konsumujących „magiczne grzyby" nie zrywało z nałogiem tylko dlatego, że nie chciało zrezygnować z „kosmicznej radości seksu na haju". Podobne do konopi działanie wykazują także syntetyzowany sztucznie azotyn amylu i substancja o nazwie methaqualone. Ten drugi środek zdecydowanie przedłuża orgazm, rozluźniając mięśnie gładkie i wzmagając przepływ krwi do naczyń krwionośnych w ciele jamistym prącia, podczas gdy azotyn amylu przedłuża nie sam orgazm, ale tzw. fazę *plateau* reakcji seksualnej, tuż przed orgazmem.

Niektórzy mężczyźni dla wzmocnienia wspomnianej kosmicznej radości posuwają się do dość obrzydliwych rzeczy. Od dawna wiadomo, że psychodelicznie i podniecająco seksualnie działa substancja o nazwie 5-MeO-DMT (5-metoksy-N, N-dimetylotryptamina). Można ją wprawdzie zsyntetyzować w laboratorium i potem nielegalnie wprowadzić do sprzedaży, ale można ją także znaleźć, zupełnie legalnie, w naturze. Wystarczy tylko dotrzeć do ropuchy aga (*Bufo marinus*), przestraszyć ją, następnie złapać i potem oblizać powierzchnię jej skóry. Ta ogromna (dochodząca do 25 centymetrów długości), pochodząca z Ameryki Południowej i masowo występująca w Australii, ropucha w celach obronnych pokrywa się w momencie zagrożenia lepką mazią o trującym działaniu. W składzie chemicznym tej mazi znajduje się także wspomniana 5-MeO-DMT. Trudno to sobie wyobrazić, ale z raportów opublikowanych w Internecie wynika, że znajduje się na tym świecie wielu mężczyzn, którzy dla narkotyczno-seksualnego „kicku" (podobnego do tego, jaki powoduje LSD) oblizują agę i zaraz potem — działanie 5-MeO-DMT ustępuje już po dwudziestu minutach — uprawiają seks. Niekoniecznie z ropuchą...

Chemia w służbie seksu ma swoją bardzo długą historię. W szczątkach wielu staroegipskich mumii chemicy, ku swojemu ogromnemu zdziwieniu, odkryli ślady kokainy. To zdziwienie u naukowców trwa nieprzerwanie do dzisiaj, ponieważ kokaina otrzymywana jest z liści koki, „boskiej rośliny Inków" (łac. *Erythroxylon coca*), pochodzących z Ameryki Południowej. Czyżby świadczyło to, że starożytni Egipcjanie w jakiś tajemniczy (nie wyjaśniony przez naukowców do dzisiaj) sposób utrzymywali kontakt z narodami po drugiej stronie Atlantyku? Ponadto okazało się, że w bliskim otoczeniu faraonów (i ich nałożnic) pobudzające seksualnie narkotyki były bardzo rozpowszechnione. Na przykład słynąca ze swoich widowiskowych seksualnych ekscesów królowa Egiptu Kleopatra mieszała wino z opium i z halucynogenną, pobudzającą seksualnie *Datura stramonium* (bieluń dziędzierzawa; na Mazowszu i w Warszawie, szczególnie w środowisku „ćpunów", znana jest i popularna jako *denderewa*). Tak wykazały dokładne analizy chemiczne próbek pobranych z mumii Kleopatry. Według specjalistów Kleopatra przeszła do historii tylko dzięki temu, że popełniła samobójstwo i jako niepoprawna erotomanka, dzierżąc władzę, nieustannie wodziła na pokuszenie najbardziej wpływowych mężczyzn tamtych czasów. Tylko w ten sposób udawało jej się wpłynąć na bieg historii. Dzisiaj Kleopatra VII wpływałaby najwyżej na zmiany nagłówków bulwarowych gazet.

U kobiet przypadki erotomanii — zwanej nimfomanią — są statystycznie około czternastu razy rzadsze niż u mężczyzn (notabene w przypadku mężczyzn termin „nimfomania" nie powinien być w ogóle stosowany, ponieważ właściwa nazwa określająca nadmierny popęd seksualny u mężczyzn brzmi *satyriasis*). Jest to najprawdopodobniej związane z niskim poziomem testosteronu. Grupa kobiet androgynicznych, wykazujących wyższe stężenie testosteronu we krwi i łączących w sobie żeńskie i męskie cechy psychiczne, wykazuje w badaniach podwyższoną skłonność do nimfomanii (i, co ciekawe, także wyższy współczynnik inteligencji). Valèrie Tasso, autorka bestsellerowej książki *Z pamiętnika pewnej nimfomanki*, uważa, że na świecie nie ma nimfomanek. Nimfomania według niej to tylko wymysł zakompleksionych mężczyzn, którzy nie mogli dać sobie rady z kobietami o wyższym niż przeciętny poziomie libido.

Przeciwieństwem erotomanii jest anhedonia, określana jako brak lub utrata zdolności odczuwania przyjemności. Anhedonia jest poważną chorobą psychiczną, bardzo często przejawiającą się najsilniej lub wyłącznie w sferze seksualności człowieka. U mężczyzn anhedonia jest związana z zaburzeniami przebiegu procesu pożądania i nosi nazwę anhedonii ejakulacyjnej. Anhedoniczny mężczyzna jest fizjologicznie zdolny do ejakulacji, ale nie towarzyszy jej żadna przyjemność. Nagrodzony czterema Oscarami film Woody'ego Allena *Annie Hall* nosił oryginalny tytuł *Anhedonia*, ale został on odrzucony przez producenta jako za mało marketingowy. Chociaż sam Allen temu zaprzecza, film ten uznawany jest za jeden z najbardziej autobiograficznych w jego dorobku.

Pomiędzy biegunami anhedonii i erotomanii znajduje się przeważająca większość dorosłych mężczyzn pożądających od kilkunastu (grupa wiekowa 25–35 lat) do kilku (grupa wiekowa 41–55 lat) razy w tygodniu. Stanowią oni 91% populacji (według ankiety niemieckiego magazynu „Freundin"). W grupie kobiet odsetek ten jest wyraźnie niższy: tylko 52 kobiety na 100 pożądają tak samo często jak mężczyźni. Może dlatego kobietom wydaje się, że mężczyźni myślą tylko o tym jednym. Z kolei gdy po pewnym czasie mężczyźni przestają o tym myśleć, kobiety są na nich obrażone. Kobiety, szczególnie młodsze, posiadając wiedzę o dysproporcji w intensywności i częstotliwości pożądania swoich partnerów, bardzo często ten fakt wykorzystują. Według danych niemieckiego „Playboya" z roku 2005, około 56% kobiet na pewnym etapie związku traktuje odmowę seksu z partnerem jako karę i środek wychowawczy. Tylko 11% mężczyzn „karze" swoje kobiety odmową seksu.

Poza tym długotrwały związek osłabia popęd seksualny zarówno kobiet, jak i mężczyzn — na pozór paradoksalnie, bardziej kobiet niż mężczyzn. Z badań naukowców ze szpitala uniwersytetu Hamburg-Eppendorf, opublikowanych w tym roku na łamach „Human Nature", wynika, że kobiety tracą ochotę na seks o wiele szybciej niż mężczyźni. Okazuje się, że w początkowym stadium związku aż 60% kobiet regularnie odczuwało potrzebę zbliżeń seksualnych. Po czterech latach ten odsetek spadał poniżej 50%, a po dwudziestu latach do 20%. U mężczyzn z kolei proporcje te pozostawały na stałym poziomie 60–80%.

Co ciekawe, spadek zainteresowania seksem z partnerem, z którym kobiety pozostawały w długotrwałym związku, nie miał żadnych statystycznych powiązań z ich predyspozycją do migren. Okazało się, że ból głowy to jednak w większości przypadków jedynie wymówka. I to wymówka działająca przeciwko samym kobietom. Endorfiny wydzielane w mózgu podczas seksu likwidują migreny znacznie skuteczniej niż na przykład ibuprofen. To także potwierdzono udokumentowanymi badaniami.

Pożądanie u mężczyzn może być niekiedy bardzo niezdrowe. Podczas orgazmu puls ze spoczynkowej wartości siedemdziesięciu podskakuje do ponad stu osiemdziesięciu uderzeń na minutę, aby wkrótce bardzo gwałtownie opaść. Dla wielu mężczyzn może to być śmiertelna fluktuacja. Około 20% cierpiących na *angina pectoris* (choroba niedokrwienna serca, tzw. wieńcówka) pacjentów reaguje na nią atakami serca, często właśnie podczas seksu. W Japonii około 0,5% wszystkich zgonów wśród chorych na serce zdarza się podczas aktów seksualnych. Co ciekawe, u mężczyzn z *angina pectoris* współżyjących z własną żoną nie notuje się tak dużego skoku pulsu. Jest on równoważny co najwyżej skokowi, jaki rejestruje się po szybkim wejściu po schodach na drugie piętro.

Ostatnio przypadki *mort douce* (słodkiej śmierci) znacznie się nasiliły. Powiązano to z wprowadzeniem do aptek całego świata viagry. Specyfik ten ma działanie trochę podobne do nitrogliceryny, stosowanej w skrajnych przypadkach niedokrwienia serca, objawiających się bólem dławicowym. Gdy podczas seksu pojawi się atak takiego bólu — co zdarza się często na skutek wysiłku — to w pierwszej chwili mężczyzna kładzie tabletkę nitrogliceryny pod język. Gdy jest przy tym „na viagrze" i na dodatek pił alkohol (co często towarzyszy takim sytuacjom), następuje dramatyczne wzmocnienie działania nitrogliceryny viagrą ponad wartości akceptowane przez jego organizm. Bardzo często kończy się to zawałem serca, spodowanym spadkiem ciśnienia krwi...

PODBRZUSZE MĘŻCZYZNY: GEOGRAFIA INTYMNA

Wiele kobiet uważa, że aby naprawdę poznać mężczyznę, należy rozpocząć badania od dołu: od jego podbrzusza. Niektóre z tych kobiet zgryźliwie dodają, że można także spokojnie na podbrzuszu owe badania zakończyć. Androlodzy, naukowcy zajmujący się studiowaniem męskości — w przeważającej większości mężczyźni — przyznają im bez chwili wahania rację, ale tylko połowicznie. Twierdzą, że mężczyzna to coś więcej niż tylko penis, moszna, jądra, nasieniowody i sperma.

Intymna geografia mężczyzny ma jedną wygodną (dla geografa) zaletę: oba bieguny, równik i dwa zwrotniki znajdują się na mapie zdumiewająco blisko siebie. Czasami tylko trzeba się wyprawić trochę dalej — do mózgu — aby zrozumieć do końca topografię podbrzusza mężczyzny.

Kolorowe czasopisma erotyczne, takie jak na przykład „Playgirl", zamieszczają na swoich błyszczących fotografiach bardzo dotkliwą w swoim wyrazie dla większości mężczyzn nieprawdę. Pokazane w zbliżeniu (w stanie spoczynku) penisy umięśnionych i opalonych modeli są o prawie 100% większe niż przeciętny penis przeciętnego Kowalskiego. Kowalskiego to bardzo boli. Wiśniewskiego także. Mężczyzna ma ewolucyjnie wbudowany precyzyjny centymetr w oczach. Najpierw jako mały chłopiec widzi ogromny kawał mięsa zwisający pomiędzy nogami swojego ojca, potem przerażony jest widokami pod prysznicem po lekcji gimnastyki w szkole. Socjologowie zauważyli pewien charakterystyczny fenomen: mężczyźni zapamiętują (na długo) prawie wyłącznie penisy większe od swoich, chociaż pod przeciętnym prysznicem większość przeciętnych mężczyzn ma penisy statystycznie przeciętne. I wcale nie dłuższe.

W *The Atlas of Human Sex Anatomy*, podręczniku od lat zalecanym studentom medycyny na całym świecie, określa się średnią długość penisa w stanie spoczynku na 9,5 centymetra. W stanie erekcji przyrost długości, także średnio, wynosi około 60%. Przeciętny mężczyzna przy tych proporcjach może zaoferować swojej partnerce seksualnej lub swojemu partnerowi od 12 do 18 centymetrów przy obwodzie od 8 do 12 centymetrów. Dla większości mężczyzn jest to zbyt mało. Mężczyzna toleruje swój niski wzrost, może jeździć o wiele mniejszym niż sąsiad samochodem, mieszkać w o wiele mniejszym niż sąsiad domu, mieć o wiele mniej włosów na głowie i wykazywać znacznie niższe IQ w testach na inteligencję, ale natychmiast popada w kompleksy, gdy ma krótszy niż sąsiad penis. Gdy zastanowić się nad tym głębiej, można dojść do wniosku, że jedyną cechą wspólną wszystkich męskich penisów jest ich zbyt mały rozmiar w oczach ich właścicieli.

Kobiety mają na ten temat zupełnie inne zdanie. Wcale nie mierzą swojej radości i szczęścia w centymetrach. Seksuolog Shere Hite z USA przepytała w ankiecie ponad 400 kobiet. Żadna (sic!) z nich nie uznała wielkości penisa za istotną. William Masters i Virginia Johnson przypomnieli z kolei w swoich książkach anatomiczne uzasadnienie wyników badań Hite: większość zakończeń nerwowych jest w łechtaczce i początkowej jednej trzeciej długości pochwy. Do łechtaczki dosięga nawet mikropenis, a wspomnianą jedną trzecią wypełni każdy normalny mężczyzna. Normalny mężczyzna ma normalny penis.

Od jedenastego tygodnia ciąży penis płodu rośnie. Niewiele, około 0,75 milimetra tygodniowo. W chwili narodzin przeciętny chłopiec ma penis o długości około 2,5 centymetra. Po dziesięciu latach organ ten ma przeciętnie 6 centymetrów. Potem, mniej więcej w wieku szesnastu lat, podwaja swoją długość na skutek obecności w krwiobiegu testosteronu, bardzo intensywnie produkowanego podczas dojrzewania. Oprócz testosteronu wpływ na rozwój penisa ma także hormon wzrostu. Gdyby tak nie było, to na przykład Pigmeje (u których stężenie testosteronu jest identyczne jak u mężczyzn o normalnym wzroście) posiadaliby gigantyczne — w stosunku do swojego wzrostu — penisy. A tak nie jest. Gdy minie okres dojrzewania, wszystko już się wydarzyło — przynajmniej jeśli chodzi o penis. Liczba komórek w penisie została raz na zawsze ustalona. Nie odkryto jak dotychczas żadnych hormonów lub innych substancji (bio)chemicznych, które mogłyby go zauważalnie wydłużyć lub poszerzyć. Ani transplantacja tkanki mięśniowej (szczególnie popularna wśród mężczyzn w Japonii), ani napełnianie krwią za pomocą pomp próżniowych (technika szeroko ostatnio reklamowana w Niemczech i Holandii), ani pocieranie go chropowatymi skrzydłami owadów (co praktykuje się u pewnych plemion afrykańskich) nie zwiększy tej liczby. Z reguły jest to liczba odpowiednia. W 2004 roku w Niemczech wskaźnik rozwodów orzeczonych z powodu „skrajnego niedostosowania genitalnego" nie przekroczył setnych części promila.

Jedynym tak naprawdę istotnym wymiarem u mężczyzny, o którym marzą kobiety — wynika to ze wszystkich bez wyjątku ankiet i badań — jest długość genu sterującego syntezą receptorów (protein) hormonu wazopresyny. Bo im więcej tych receptorów, tym mężczyzna jest wierniejszy...

O wiele więcej rozwodów orzeczono w przypadku mężczyzn o penisach normalnych rozmiarów, jednakże z nienormalnym ich funkcjonowaniem. Ostatnio, aby nie przerażać przewrażliwionych na tym punkcie mężczyzn, określa się tę przypadłość w mediach bardzo delikatnie, z posmakiem dostojnej, naukowej powagi: „dysfunkcją erekcji". W gabinetach seksuologów i urologów, za zamkniętymi szczelnie drzwiami, nazywa się ją już tradycyjnie, po imieniu, prosto z mostu: impotencja. Dosięga ona w którymś momencie życia ponad 85% mężczyzn. Z taką perspektywą dzisiejsi obeznani z tymi sprawami mężczyźni już się pogodzili. Tym jednak, co spędza im sen z oczu, jest lęk, że ów moment mógłby przyjść „o jeden stosunek lub o jedną kobietę za wcześnie"...

Paniczny lęk przed impotencją wynika z atawistycznej roli, jaką mężczyźni przypisują swojemu penisowi. Traktowali go jako najważniejszą część ciała, gdy mieszkali w jaskiniach, i traktują go tak samo dzisiaj. Nie bez winy jest tutaj doktryna rozpowszechniana od czasów ojca psychoanalizy Zygmunta Freuda, który uczynił z penisa obiekt zazdrości. Według Freuda i całej armii jego naukowych spadkobierców kobiety rzekomo tkwią nieustannie w stanie „kompleksu zawiści o penisa", co wielu mężczyzn — z nieukrywaną przyjemnością — przyjmuje jako naturalny dowód swojej dominującej roli.

Przejawia się to także dzisiaj, w czasach, gdy ów podział ról uległ zatarciu. Z najnowszych statystyk firmy „Durex" (2007) wynika, że najbardziej ulubionym wariantem seksu u ponad 89,8% mężczyzn jest seks oralny. Podczas *fellatio* kobieta przeważnie klęczy przed mężczyzną — co samo w sobie symbolicznie podkreśla męską dominację — a poza tym nareszcie cała uwaga i wszystkie zmysły (łącznie z poczuciem smaku) kobiety są skupione na tym, co dla mężczyzny najważniejsze: na jego penisie. Z drugiej strony tylko niewielki procent mężczyzn jest gotowych „odwdzięczyć się" kobiecie tym samym. Z ankiet wynika, że zaledwie 13% mężczyzn praktykuje podczas seksu drażnienie genitaliów kobiety językiem lub wargami. A szkoda, z odpowiedzi kobiet wynika bowiem, że aż 96% z nich dochodzi przy tym do orgazmu.

Większość trwałych impotencji ma podłoże organiczne. W przypadku tych epizodycznych główną ich przyczyną jest stres. Doktor Thomas Kreutzig, znany niemiecki urolog z Freiburga, współautor wydanej w 2006 roku interesującej książki *Tylko dla mężczyzn*, twierdzi, że stres jest w ponad 80% powodem okresowo nawracających dysfunkcji erekcji. W przypadku długotrwałego stresu cały system hormonalny mężczyzny nastawia się na walkę, podczas gdy aktywność seksualna wymaga głównie spokoju i wyciszenia. Ponadto, według Kreutziga, po pierwszym epizodzie impotencji pojawia się dodatkowy silny stres spowodowany strachem, „że teraz będzie już tak zawsze". Koło zaczyna się zamykać, a epizody powtarzać...

Penis to skomplikowane urządzenie hydrauliczne. Podniecony seksualnie mężczyzna, aby uzyskać oczekiwaną twardość członka, musi przepompować do niego około dwudziestu razy więcej krwi niż normalnie. Krew musi być przepchnięta przez naczynia krwionośne, które z czasem się niestety zatykają. Głównie cholesterolem, który mężczyźni sami sobie fundują poprzez nieodpowiednią dietę, nadmierny stres lub nadużywanie alkoholu i nikotyny. Poza tym krew musi pozostać w członku na minimum kilka minut. Chociaż pewien kultowy autor bardzo popularnych w Polsce książek twierdzi, że przeciętnie na jedenaście minut, co dla wielu mężczyzn jest zupełnie nieosiągalne. Na szczęście to tylko fikcja literacka (Coelho mocno przesadza, ale jako pisarz, a nie laborant w białym fartuchu, ma do tego prawo). Przeciętny akt seksualny od momentu rozpoczęcia penetracji waginy (lub odbytu w przypadku seksu analnego) do ejakulacji trwa u regularnie współżyjących mężczyzn około 2 minut i 30 sekund. Kobiety rejestrują jego długość — z niezasłużoną korzyścią dla reputacji mężczyzn jako kochanków — jako średnio 5 minut i 13 sekund.

Magazynowanie krwi w penisie dla uzyskania wzwodu wymaga zwężenia odpływu żylnego we właściwym momencie. Na skutek różnych czynników do takiego zwężenia żył może nie dojść, może okazać się ono niewystarczające (tzw. miękka erekcja) lub też pojawić się w niewłaściwym momencie. Cały ten mechanizm jest sterowany przez układ nerwowy (mężczyzna nie musi mieć mózgu, aby funkcjonować seksualnie — sygnały przychodzą nie z mózgu, ale z rdzenia kręgowego), który wysyła impulsy elektryczne docierające do ciała jamistego prącia, oraz przez dwa produkowane na tę okazję związki chemiczne: cGMP i PDE5. Od momentu wprowadzenia na rynek viagry, cialisu i levitry, specyfików będących inhibitorami PDE5, pojawiła się możliwość farmakologicznego wpływania na przebieg tego procesu.

Impotencja to głównie skutek zaburzeń hydrauliki prącia. Twierdzenia Zygmunta Freuda o dominującej roli psychiki mężczyzny już dawno przestały być aktualne. Ocenia się — na podstawie dzisiejszej wiedzy na ten temat — że maksymalnie 10% przypadków impotencji ma też podłoże psychiczne.

Nie znaczy to wcale, że psychika dotkniętego impotencją mężczyzny na tym nie cierpi. U niektórych miękkość prącia przekłada się bezpośrednio na okresowe, niebezpieczne „zmiękczenie" mózgu. Mężczyźni zmieniają partnerki, polują jak myśliwi na młode kobiety lub stają się regularnymi pacjentami kardiologów, gdy prosto sprzed telewizora, rezygnując z diety składającej się z chipsów i piwa, przenoszą się do hali sportowej lub zaczynają biegać we wszystkich możliwych maratonach. Mija sporo czasu, zanim mężczyzna pogodzi się i ponownie zaprzyjaźni ze swoim starym-„nowym" penisem.

Bez jąder penis byłby tylko pomarszczoną, zwiędłą rurką do odprowadzania moczu. Jądra są jak pracująca na cztery zmiany fabryka nasienia. Tutaj powstaje testosteron, który decyduje o fizycznej tożsamości mężczyzn. Gdy mężczyzna ma do wyboru chronić swoje oczy lub swoje jądra, prawie zawsze wybiera jądra. Chcąc się o tym przekonać, wystarczy obejrzeć jeden mecz piłki nożnej. Jądra od zarania dziejów były chronione z największą uwagą. Także prawem. Stary Testament (Pwt 25, 11–12) pozwalał odciąć dłoń kobiecie, która odważyłaby się je zgnieść (kobiety od początku wiedziały, że to najczulsze miejsce na ciele mężczyzny). Z kolei stare prawo asyryjskie zaciekle broniło jąder następującym paragrafem: „Jeżeli kobieta zmiażdży mężczyźnie jądro podczas kłótni, zostanie jej odcięty jeden palec. A jeżeli w drugie jądro, mimo opatrzenia go przez lekarza, wda się zapalenie albo jeśli kobieta zmiażdży mężczyźnie w czasie bójki także drugie jądro, zostaną jej obcięte obie piersi albo obie brodawki sutków".

W Kościele rzymskokatolickim w dawnych czasach warunkiem zostania księdzem była konieczność udowodnienia posiadania obu jąder. Jak pokazuje historia, wymóg ten nie zawsze był skrupulatnie przestrzegany. Odkąd w IX wieku, przez kompromitującą nieuwagę, na papieża wybrano niejaką Joannę Guilles (oficjalnie, mimo 500 rękopisów zawierających dzieje pontyfikatu papieżycy Joanny, Watykan temu kategorycznie zaprzecza), bardzo zaostrzono przepisy i ustanowiono dość niecodzienną procedurę kontrolną: przyszły papież siada na marmurowym tronie z otworem, przez który kardynałowie dokonują, poprzez obmacywanie, jednoznacznej wizji lokalnej.

Według andrologów prawda o mężczyźnie tkwi w mosznie. Średniej wielkości jądra mężczyzny mają od czterech do pięciu centymetrów długości i około trzech centymetrów szerokości. Z nieznanych jak dotychczas powodów lewe jądro jest nieznacznie mniejsze od prawego. Ciężar jąder jest istotnie uzależniony od rasy. Jądro Chińczyka waży około dziesięciu gramów, podczas gdy przeciętnego Europejczyka ponad dwadzieścia jeden gramów. Wielkość jąder jest dziedziczna. Prawdopodobieństwo, że syn odziedziczy po ojcu duże jądra, sięga 90%. Ilość nasienia produkowanego przez jądra jest zależna od ich wielkości. Większym jądrom zazwyczaj towarzyszy dłuższy penis. Związane to jest — jak już wspominałem w innym miejscu — z produkcją (w jądrach) testosteronu, decydującego o przyroście długości prącia podczas dojrzewania.

U ssaków istnieje tendencja do występowania większych jąder u gatunków poligamicznych niż u monogamicznych.

Także produkcja spermy w jądrach zwierząt poligamicznych jest większa, co uzasadnia się istnieniem współzawodnictwa, mającego znaczenie dla przetrwania. Mężczyzna w porównaniu z innymi naczelnymi wydaje się, według tej prawidłowości, bardzo poligamiczny.

Jądra u mężczyzny stanowią 0,079% masy jego ciała, a na przykład u bliskiego *homo sapiens* goryla — jedynie 0,018%. Mężczyzna ma jądra czterokrotnie (w stosunku do wagi ciała) większe niż goryl. Jak już wiemy, goryle są skrajnie monogamiczne i w ciągu całego życia kopulują tylko z jedną partnerką. Na drugim biegunie znajduje się z kolei szympans. Jedna samica szympansa w okresie rui odbywa stosunki seksualne z kilkunastoma samcami. Jądra szympansa są do tego odpowiednio przystosowane. Ich wielkość wynosi 0,269% w stosunku do wagi ciała, czyli trzy razy więcej niż u mężczyzny.

Jądra są w mosznie, która jest niczym innym, jak niezwykle sprawnie działającym termosem. Po wewnętrznej stronie moszny znajduje się naturalny termoregulator, w postaci błony kurczliwej (łac. *tunica dartos*). W zależności od temperatury na zewnątrz błona kurczy się lub rozszerza. Gdy na zewnątrz jest zimno, moszna potrafi się skurczyć i pomarszczyć (zmniejszając powierzchnię i redukując ucieczkę ciepła), przypominając wysuszoną śliwkę. Właśnie dzięki mosznie temperatura jąder wynosi około 34,4°C, więc jest nieco niższa niż temperatura ciała.

Te ponad dwa stopnie odgrywają ogromną rolę. Liczba plemników produkowanych przez jądra w temperaturze 36,6°C istotnie spada. Ów mechanizm termoregulacji jest odpowiedzialny za to, że jądra, zamiast przytulnie i bezpiecznie zagnieździć się, jak np. nerki lub wątroba, wewnątrz ciała, niezwykle ryzykując, wysuwają się na zewnątrz. Tajemnicę tę rozwiązał w XVIII wieku szkocki chirurg John Hunter. Odkrył on, że mężczyźni, których jądra nie zeszły z różnych powodów do moszny, byli bezdzietni.

Głównym zadaniem jąder, poza wytwarzaniem testosteronu, jest produkcja plemników — powstają w specjalnych kanalikach lub rurkach (przypominających pod mikroskopem spaghetti) i odprowadzane są nasieniowodem do przewodu wytryskowego, znajdującego swoje ujście w cewce moczowej.

Pomiędzy kanalikami nasiennymi znajdują się specjalne komórki, które wytwarzają testosteron. Dzięki temu procesowi jądra są przepustką do męskości. Mężczyźni, szczególnie młodzi, świadomie lub podświadomie lokują epicentrum swojej męskości w penisie (głównie w okolicach powyżej napletka). Wprawdzie to on — momentami — dostarcza im najwięcej rozkoszy (i stąd jest ich absolutnym ulubieńcem, a oni sami jego najwierniejszymi fanami), ale tak naprawdę to jądra, a nie penis, stanowią istotę tożsamości mężczyzn. Bardzo wielu starszych mężczyzn, którzy utracili jądra w wypadkach lub z powodu nowotworów, usilnie nalega na wypełnienie ich moszny sztucznym surogatem. I na dodatek zwracają baczną uwagę, aby tego surogatu nie było przypadkiem zbyt mało...

„Jądra są po to, by te zwierzątka wytwarzać i przechowywać, dopóki się nie usamodzielnią". Tak w 1677 roku pisał Antonie van Leeuwenhoek, pionier biologii rozrodczości, w swoim sławnym i bardzo, jak na owe czasy, odważnym liście pt. *Animacula in Semine* (Żyjątka w nasieniu) do angielskiej Akademii Królewskiej, stanowiącej naukową wyrocznię tamtej epoki. Aż trudno w to uwierzyć, że plemniki odkryto dopiero w drugiej połowie XVII wieku. Zanim uwierzono, że te „żyjątka", spostrzeżone pod mikroskopem przez uważnego Holendra, są plemnikami (spermatozoidami), odpowiedzialnymi za zapłodnienie, musiało upłynąć następne sto pięćdziesiąt lat. Zresztą sam Antonie van Leeuwenhoek sądził, że widział „małe zwierzątka", podobne do oglądanych pod mikroskopem w kropli wody ze stawu pierwotniaków. Rzeczywiście, podobieństwo na pierwszy rzut oka jest bardzo duże. Najbardziej rewolucyjne w odkryciu van Leeuwenhoeka było powiązanie jąder z produkcją spermy zawierającej plemniki.

Dzisiaj o spermie wiemy już chyba wszystko. Jest to wspólna wydzielina jąder, gruczołów przycewkowych i prostaty. Pod wpływem bodźców seksualnych, skurczów jąder i nasieniowodów nasienie przemieszcza się do części sterczowej cewki moczowej, a następnie skurcze prostaty, mięśni cewki moczowej i ciała gąbczastego wytryskują pod pewnym ciśnieniem spermę (nasienie pomieszane z innymi płynami) na zewnątrz.

Sperma z pojedynczego wytrysku mężczyzny (ejakulatu) ma objętość od 2 do 6 mililitrów. Plemniki (do maksymalnie ponad 712 milionów) stanowią zaledwie 0,5% masy ejakulatu. Reszta — wychodzi ze mnie teraz chemik — to leukocyty, fruktoza, elektrolity, kwas cytrynowy, enzymy, prostaglandyny, węglowodany, aminokwasy, cholesterol, mocznik, cynk, wapń, magnez i, w zdecydowanie największej części, zwykła woda. Sperma zawiera także śladowo dopaminę, noradrenalinę oraz takie hormony, jak oksytocyna i wazopresyna.

Oto dodatkowa garść ciekawych informacji o spermie, na które wcale nie tak łatwo natrafić. Porcja ejakulatu ma nie więcej niż 5 kilokalorii i nie powoduje próchnicy zębów. Tuż po wytrysku sperma ma płynno-galeretowatą konsystencję, aby po pewnym czasie, na skutek oddziaływania enzymów gruczołu krokowego, się rozrzedzić. Sperma jest lekko alkaliczna i w zasadzie bezsmakowa. Niektóre enzymy przyjmowane w pokarmach przez mężczyznę zmieniają smak spermy. Na przykład enzym zawarty w ananasach (świeżych, nie przetworzonych!) powoduje, że staje się ona słodkawa. Odwrotnie na spermę działa nadużywanie nikotyny i kofeiny — sperma nałogowych palaczy jest kwaśnogorzka. Wegetarianie (ale tylko ci unikający potraw z czosnkiem lub/i cebulą) mają słodszą spermę niż mężczyźni spożywający mięso. Nic dziwnego więc, że smak spermy jest ściśle powiązany z jej jakością.

Większość banków spermy na świecie (pierwsze takie instytucje powstały w 1965 roku w USA i w Japonii), nastawionych na „najwyższej jakości materiał", nie przyjmuje do swoich zasobów spermy mężczyzn uzależnionych od nikotyny, alkoholu, marihuany lub haszyszu. Z ponad czterystu zainteresowanych mężczyzn średnio tylko jeden lub dwóch dociera do etapu, gdy zostają dawcami. Ich sperma, szczelnie zamknięta w specjalnych menzurkach, zrobionych z kuloodpornego szkła, przechowywana jest w zbiornikach wykonanych z najwyższej jakości stali, wypełnionych ciekłym azotem schłodzonym do temperatury minus 127°C.

Mężczyzna podczas stosunku z kobietą dawkuje swoją spermę według ewolucyjnie uzasadnionego schematu. Badania na ten temat zostały interesująco opisane w książce *Wojny plemników. Niewierność, konflikt płci oraz inne batalie łóżkowe* (polskie tłumaczenie ukazało się w 2001 roku), autorstwa zoologa, wykładowcy uniwersytetu w Manchesterze, Robina Bakera. Generalnie rzec ujmując, ilość i skład spermy są uzależnione od tego, kiedy mężczyzna uprawiał seks z daną kobietą. W okresach regularnego i częstego pożycia przeciętny mężczyzna w jednym wytrysku uwalnia średnio 389 milionów plemników. Gdy pomiędzy stosunkami płciowymi następują dłuższe niż kilkudniowe przerwy, liczba plemników w ejakulacie może wzrosnąć aż do 712 milionów.

Poza tym w takiej spermie oprócz plemników, których jedynym zadaniem jest zapłodnienie komórki jajowej, pojawiają się całe bataliony plemników, które zajmują się jedynie usuwaniem nasienia potencjalnego konkurenta. Ten sprytny mechanizm służy zmniejszeniu do minimum szansy zapłodnienia przez rywala, który mógł się pojawić w trakcie ich nieobecności. Wiedzą o tym doskonale wszyscy właściciele istniejących na świecie banków spermy. W ich regulaminach wyraźnie napisano, że „aby sperma zawierała jak największą liczbę plemników, dawca musi powstrzymać się od stosunków seksualnych lub masturbacji przez co najmniej trzy dni przed oddaniem nasienia".

Sperma, która dzisiaj nie ma już przed nami żadnych tajemnic, ciągle jeszcze jest traktowana jako coś magicznego. Mężczyźni, niezależnie od kultury, z której się wywodzą, podchodzą do swojej spermy z większą atencją niż na przykład do swojej krwi. Wspominana już para seksuologów William Masters i Virginia Johnson, którzy przez dwanaście lat obserwowali i zarejestrowali ponad dziesięć tysięcy orgazmów (początkowo korzystali z prostytutek, później współpracowali z blisko siedmiuset ochotnikami), zanotowała u mężczyzn po ejakulacji rodzaj melancholii, którą, po wywiadach z tymi mężczyznami, powiązali ze zjawiskiem „pożegnania ze swoją spermą". Podobny fenomen zaobserwował także Alfred Kinsey, znany z raportów, szokujących Amerykę w latach czterdziestych i pięćdziesiątych XX wieku. Być może mężczyźni podświadomie wierzą w to, o czym przekonują filozofie i religie Wschodu (szczególnie hinduskie): sperma to drogocenna energia życia. Każdy wytrysk nasienia jest utratą tej drogocennej energii i jednym krokiem ku śmierci. Nawet jeśli dostarcza im to niezwykłej rozkoszy, z której nie potrafią zrezygnować...

CZY ŚWIATU POTRZEBNI SĄ JESZCZE MĘŻCZYŹNI?

Mężczyźni to dziwne stworzenia. Boją się dentysty, wypadania włosów i tego, że ich telefon komórkowy nie będzie miał zasięgu. Najmniej boją się tego, że są w stanie nieustannej degradacji i zaniku.

Wydawałoby się, że ludzkość, rozparta mniej lub bardziej wygodnie na dwóch biegunach płci, już dawno zdefiniowała swoje role. Trochę niesprawiedliwie, bo w związku z tym, że mężczyźni pierwsi zabrali w tej sprawie głos, najdogodniejsze pozycje zajęli właśnie oni. Mimo że tak naprawdę mają „niewiele" do powiedzenia. Cztery tysiące słów wypowiadanych w ciągu dnia przez mężczyznę to mało w porównaniu do około trzydziestu pięciu tysięcy słów wypowiadanych codziennie przez kobietę. Czy od wieków opiewana „męska siła" to fakt, czy tylko próba „siły perswazji"? I czy istnieją dowody naukowe, że „słaba płeć" w rzeczywistości jest silniejsza?

Steve Jones, wykładowca genetyki, przedstawił w książce *O pochodzeniu mężczyzny* obraz mężczyzn tak szokujący, że gdyby ruch feministyczny miał swój męski odpowiednik, mężczyźni po przeczytaniu tej książki pewnie wstąpiliby na barykady. Wprawdzie ja sam w poprzednich rozdziałach usprawiedliwiałem wiele zachowań dążeniem człowieka do prokreacji, Jones posuwa się jednak jeszcze dalej, a nawet za daleko. Uważa on, że mężczyźni są niczym innym, jak tylko bezwolnymi ofiarami popędu, pasożytami samic, dążącymi jedynie do zachowania gatunku. Jones uważa także, że mężczyźni są na wymarciu. Wszystkiemu winien jest chromosom Y.

Chromosom Y, gdy przyjrzeć mu się pod mikroskopem, wygląda jak skarłowaciały okruch przy eleganckim, ogromnym żeńskim chromosomie X, z wyraźnie zaznaczoną seksowną talią. Chromosom X stoi dostojnie i stabilnie na dwóch nogach, podczas gdy Y tylko na jednej i to chybotliwej. Chromosom Y jest chromosomem śmietnikiem. Z biegiem pokoleń geny ulegają mutacjom i do genotypu wkradają się błędy. Okazuje się, że ze wszystkich chromosomów właśnie Y zgromadził najwięcej szkodliwych mutantów. W chromosomie Y jest tylko jeden gen, który determinuje płeć dziecka. Nazywa się SRY, z angielskiego *Sex Determining Region of Y.* Uaktywnia się w siódmym tygodniu życia płodu. To on decyduje, że dziecko przyjmuje płeć męską. W jądrze komórkowym przyszłego mężczyzny zamiast drugiego chromosomu X (kobiety mają XX) jest krótki, odmienny chromosom Y. Ten chromosom to karzełek i stanowi zaledwie 1/50 całego genomu, brak mu siły i odporności, utracił także zdolność do regeneracji i w dodatku zmniejsza się cały czas. Obecnie stanowi zaledwie 1/3 pierwotnego rozmiaru sprzed około 300 milionów lat. Z tego wynika, że to, na czym mężczyznom zależy najbardziej — przedłużenie gatunku — zwraca się przeciwko nim: samce skazane są na wyginięcie w drodze ewolucji. Profesor Bryan Stykes z Oksfordu, zajmujący się badaniem DNA z próbek pobranych z prehistorycznych szkieletów, uważa jednak, że nastąpi to w całkiem bliskiej przyszłości — za jakieś pięć tysięcy pokoleń, czyli za około 125 tysięcy lat.

Ale mężczyźni degenerują się nie tylko wskutek kurczenia się chromosomu Y. I genetycy, i socjolodzy, i psycholodzy potwierdzają, że mężczyźni są w stanie nieustannej degradacji i zaniku. Częściej chorują, gorzej się uczą i mają wyraźnie kłopoty z pojmowaniem tak zwanej moralności. Przeciętny mężczyzna żyje około ośmiu lat krócej w porównaniu do kobiety (średnia długość życia kobiety w Polsce wynosi 79 lat, podczas gdy mężczyzny tylko 71 lat). W Polsce wśród osób, które skończyły 65 lat, na 100 mężczyzn przypada ponad 160 kobiet. Mężczyźni trzy razy częściej zapadają na choroby serca (w Polsce na zawał serca umiera przeciętnie co roku 9356 kobiet i 16 420 mężczyzn), bo w przeciwieństwie do kobiet brak im ochrony estrogenowej, która chroni serca kobiet przez zwiększenie uwalniania tlenku azotu, odpowiedzialnego za rozszerzenie naczyń krwionośnych. U mężczyzn występowanie tego tlenku jest natomiast bardzo pożądane, głównie wtedy, gdy właśnie pożądają. Na dodatek pożądanie, któremu tak łatwo ulegają, mogą realizować, w porównaniu z kobietami, śmiesznie rzadko i śmiesznie krótko. Przeciętny bardzo młody mężczyzna może osiągnąć maksymalnie do sześciu orgazmów w ciągu godziny, rekordowa zaś liczba orgazmów u kobiety (wcale nie młodej) w ciągu tej samej godziny to 134. Na dodatek przeciętny orgazm męski trwa zaledwie 6 sekund, a u kobiety trwa minimum 23 sekundy.

Poza tym mężczyźni nawet nie potrafią o tym tak ważnym dla nich pożądaniu opowiedzieć. Zamiast słów używają rzeczy (na które ich stać z racji o wiele większych dochodów). Nie przypadkiem biżuteria, kwiaty czy słodycze są przez nich traktowane jako tzw. wyraz uczucia. Czasami trzeba do tych prezentów dołączyć jakąś kartkę. To także nie problem. Kłopoty zaczynają się wtedy, gdy trzeba jeszcze coś na tej kartce napisać. Mężczyźni są nie tylko mniej elokwentni i komunikatywni, ale także trzy razy częściej mają wady wymowy i stanowią aż 75% wszystkich jąkających się ludzi na świecie.

W trakcie realizacji pożądania także nie potrafią mówić (chociaż kobiety bardzo tego pragną). Przeciętny mężczyzna generalnie potrafi robić naraz tylko jedną rzecz. Na przykład erekcja jest dla niego tak zajmująca, że staje się w tym czasie niemal głuchy. Kobiety z kolei, nawet w stanie największego podniecenia seksualnego, nie tracą słuchu i chcą, właśnie wtedy najbardziej, słuchać ważnych dla nich słów lub dźwięków. Historycy ewolucji tłumaczą to prehistoryczną rolą kobiet jako (jedynych) obrończyń stada. Kobieta, ponieważ nie wyręczał jej w tym mężczyzna, nawet w trakcie orgazmu musiała z konieczności rejestrować wiele informacyjnych sygnałów ze świata zewnętrznego. Mogła dzięki temu na przykład usłyszeć szelest zbliżającego się niebezpiecznego zwierzęcia lub płacz dziecka.

Mężczyźni często pożądają kobiet w taki sposób, że wcale nie chce się o tym (ze wstydu) publicznie mówić. Z 213 różnych dewiacji seksualnych (nawet dzisiaj, w XXI wieku, ciągle dla wielu istnieje pojęcie dewiacji!), które zarejestrowali seksuolodzy na świecie, większość występuje w zdecydowanie przeważającej mierze u mężczyzn. Według zajmującego się tym problemem polskiego seksuologa Andrzeja Depko wynika to z (bio)chemicznej natury mężczyzn. Bodźce, które ją kształtują, są zupełnie inne u kobiet i u mężczyzn, a sam popęd seksualny inaczej jest realizowany u każdej z płci.

Główną siłą napędową pożądania u obu płci jest testosteron, ale u mężczyzn jest go więcej. Na przykład ekshibicjonizm (ponieważ nie ma statystyk dotyczących ekshibicjonistów, ich liczbę można oszacować jedynie na podstawie informacji ludzi, którzy doświadczyli spotkania z nimi; według seksuologa Zbigniewa Lwa-Starowicza, w Polsce około 13% kobiet spotkało ekshibicjonistę) występuje wyłącznie u mężczyzn. Ekshibicjonista to mężczyzna obnażający się publicznie przed obcymi ludźmi, którzy nie wyrazili na to zgody, bądź onanizujący się w ich obecności. Co ważne, to dla niego jedyny sposób na osiągnięcie satysfakcji seksualnej — normalne współżycie nie może mu tego w żaden sposób zapewnić. Ekshibicjonista satysfakcję czerpie głównie z obserwowania zszokowanej jego zachowaniem kobiety. Im więcej w tych reakcjach strachu, zdziwienia, przerażenia czy paniki, tym większe podniecenie obnażonego.

U kobiet przykłady rejestrowanego przez medycynę ekshibicjonizmu wiążą się niemal wyłącznie z dotkliwymi chorobami psychicznymi. Ta ocena naukowców jest, swoją drogą, ekstremalnie niesprawiedliwa dla mężczyzn. Gdy kobieta rozbiera się, tańcząc „na rurze", jest to społecznie akceptowane i uznawane za normalne. Z kolei według niektórych naukowców wszyscy mężczyźni patrzący na nią to „podglądacze", a ona sama, według walczących feministek, jest „ofiarą" męskiego voyeuryzmu (kolejna dewiacja z listy „213"), czyli, cytuję za Kodeksem karnym: „czerpania satysfakcji seksualnej z podpatrywania nieznajomych osób, kiedy są nagie lub wykonują czynności intymne". Wygląda więc na to, że kobietom po prostu łatwiej realizować bardzo podobne potrzeby. Łatwiej, a poza tym zdecydowanie bezpieczniej. Na ekshibicjonistów czeka bowiem zapis w Kodeksie wykroczeń (w polskim prawie karnym), mówiący, że: „kto publicznie dopuszcza się nieobyczajnego wybryku (art. 140), wywołuje zgorszenie w miejscu publicznym (art. 51), podlega karze aresztu, ograniczenia wolności, grzywny do 1500 złotych albo nagany".

Swoją drogą mężczyźni, nie podlegający póki co karze aresztu mimo swojej, absolutnie nieuniknionej w tym wypadku, nagości (u 12% rodzących się chłopców penis jest w momencie porodu w stanie erekcji), są naznaczeni już w chwili narodzin: chłopcy są wyraźnie słabsi od dziewczynek. W pierwszym roku życia na 100 zgonów dziewczynek przypada 126 zgonów chłopców. Nawet jako młodym mężczyznom także nie jest im łatwiej. Liczba zgonów z powodu zawału serca jest w tej grupie siedem razy większa niż u kobiet.

Mężczyźni stanowią też, niestety, przytłaczającą większość wszystkich przestępców. I to nie tylko jakichś tam drobnych złodziejaszków. Według amerykańskiego biologa i antropologa, doktora Michaela P. Ghiglieriego, autora bardzo ponurej książki *Ciemna strona człowieka: śledząc agresję u mężczyzny* (polskie wydanie ukazało się w 2001 roku), we wszystkich przebadanych dotąd kulturach mężczyźni są sprawcami ponad 85% zabójstw. W ponad 80% przypadków są też ofiarami morderstw. Wynika to głównie z ich agresywności i brutalności. Uzasadnia się to poziomem stężenia testosteronu, hormonu sterującego nie tylko zachowaniami seksualnymi u samców (wszystkich naczelnych, łącznie z człowiekiem), ale także ich agresywnością.

W przerażającej postaci można to zachowanie zaobserwować u hien cętkowanych. Poziom testosteronu jest u nich równie wysoki u obu płci. Zresztą w przypadku hien nawet trudno mówić o rozróżnieniu płci: w czasie rui u samic hien łechtaczka ma kształt i rozmiary prącia. Samice hieny cętkowanej od pierwszych dni swojego życia są wyjątkowo agresywne, tak bardzo, że najmocniejsze z młodych w miocie zazwyczaj zagryzają swoich współbraci lub swoje współsiostry w walce o dostęp do pokarmu matki. Nic więc dziwnego, że ludzie bardzo często z obrzydzeniem nazywają „hienami" tych, którzy przejawiają bezgraniczną agresję w walce o zaspokojenie własnych potrzeb.

Ale hieny, z biologicznego punktu widzenia, reprezentują swoim zachowaniem jedynie narzucony ewolucją instynkt przetrwania i zachowania gatunku. Agresja u hien jest wbudowana i napędzana instynktem „podlewanym" dużą ilością testosteronu.

Istnieją jednakże dwa gatunki naczelnych bardziej niebezpieczne niż pogardzane hieny — u których agresja jest przemyślanym działaniem. Według wspominanego już przeze mnie amerykańskiego psychologa ewolucyjnego, profesora Davida M. Bussa, spośród około miliona gatunków żyjących stworzeń, włączając do tego cztery tysiące gatunków ssaków, tylko u dwóch zaobserwowano inicjowaną przez samca tzw. agresję terytorialną, w której ramach zawiera on przemyślane, strategiczne przymierza, dokonuje zaplanowanych napadów na sąsiednie tereny oraz masowo — bez uzasadnienia głodem lub własnym bezpieczeństwem — zabija przedstawicieli własnego gatunku.

Są to szympansy i ludzie.

Wracając do męskich słabości, mężczyźni trzy razy częściej uzależniają się od nikotyny, alkoholu (statystyczny Polak wypija pięciokrotnie więcej czystego alkoholu niż statystyczna Polka) i narkotyków, a 70% samobójców to przedstawiciele męskiej części ludzkości. Na przykład, według danych z roku 2002, w Polsce zabiło się wtedy 4215 mężczyzn i „tylko" 885 kobiet.

Przyczyną takiego stanu rzeczy, poza brakiem „opiekuńczych" estrogenów, może być najbardziej męski ze wszystkich męskich hormonów: kilkakrotnie już przeze mnie przywoływany testosteron. Jego nadmiar nie tylko powoduje wypadanie włosów, ale także stwarza biologiczne warunki do zachowań agresywnych. Z historii wiadomo, że eunuchowie byli długowieczni. Mężczyźni pozbawieni jąder żyją o trzynaście lat dłużej, a pozbawieni ich w wieku bardzo młodym — nawet o trzydzieści! Długoletnie badania mężczyzn, u których zdiagnozowano wadę genetyczną określaną jako syndrom Klinefeltera, polegającą na tym, że każda komórka oprócz chromosomu Y ma dodatkowy (żeński) chromosom X, wykazały, że żyją oni o wiele dłużej, gdyż posiadają układ odpornościowy typowy dla kobiet. Ze słabym układem odpornościowym trudno zwalczać wolne rodniki, zwiększające ryzyko zachorowań na raka, i opierać się innym chorobom. Na dodatek tryb życia wielu mężczyzn stanowczo odbiega od schematu „zdrowego trybu życia".

Skoro, jak sugerują obserwacje, natura tak starannie i konsekwentnie dąży do wyeliminowania męskiej części ludzkiej populacji, czy mamy szanse przetrwać jako gatunek? Czy jedynym, co sprawiałoby trudność kobietom, byłoby — oprócz kilku niewątpliwych przyjemności — tylko rozmnażanie? Czy klonowanie, dzieworództwo to tylko fantazje czy też naturalna konsekwencja ewolucji? Czy w chwili, kiedy możliwe stało się hodowanie męskich komórek rozrodczych w ciele zwierząt — ostatnio ogromny sukces w tej dziedzinie odnieśli naukowcy z Harvardu, którym udało się wyhodować męskie komórki rozrodcze w jądrach knura — mężczyzna to zbędny, choć niewątpliwie zasłużony, odpad ewolucji...?

DLACZEGO MĘŻCZYŹNI MAJĄ EREKCJĘ?

Wyczerpującej odpowiedzi na to pytanie nie zna jeszcze nikt. Większość biologów zajmujących się historią ewolucji twierdzi, że erekcja u mężczyzny jest tak samo zbędna jak jego penis. Większość mężczyzn, których historia ewolucji mało obchodzi, uważa, że podobne twierdzenia to nic innego, jak zwykła prowokacja impotentów. I z wielką troską myśli o swoich erekcjach oraz dba o nie. I może liczyć na „pomoc". Na erekcji można zarobić miliardy...

Niektórzy z „prowokatorów" posunęli się jeszcze dalej, zadając na łamach poważnych naukowych pism pytanie: „A tak w ogóle, to po co światu seks?". W latach siedemdziesiątych XX wieku takie pytanie sformułował słynny brytyjski biolog John Maynard Smith w książce *Ewolucja seksu*, w której w sposób matematyczny dowiódł prawdziwości swojej tezy o „podwójnych kosztach seksu". Z arytmetyki Smitha wynika, że rozrost społeczności organizmów aseksualnych z każdą generacją jest minimum dwa razy większy niż społeczności seksualnych. Krótko mówiąc: gdyby kobiety i mężczyźni mogli rodzić dzieci (bez konieczności wymiany genów poprzez akty seksualne), z czasem populacja ludzka jako gatunek byłaby nieporównywalnie liczniejsza.

Z czysto matematycznego punktu widzenia (Smitha!) wynika, że seks nie powinien się ewolucji w ogóle opłacać.

Bezpłciowe stworzenia zapładniające się same byłyby (na pozór!) najlepszym rozwiązaniem. Według bliskich współpracowników Smitha jego sugestia od początku była celową naukową prowokacją. Smith był zbyt dobrym genetykiem, aby zignorować fakt, że wyłącznie poprzez mieszanie genów może dojść do ich mutacji. A tylko dzięki mutacjom może postępować proces dostosowywania się i tym samym trwanie gatunku. Ewolucja odkryła sama, i to już bardzo dawno, że celibat byłby jednym z najgorszych rozwiązań: 99,9% wszystkich stworzeń rozmnaża się dzięki temu, że istnieją dwie płcie. Samice przyjmują, w bardzo różnej postaci i w bardzo różny sposób, materiał genetyczny samca. Tak robiły od 1,5 miliarda lat różne rośliny oraz większość istot żywych, i tak robią to dzisiaj ludzie. Niepokalane poczęcie prawie zupełnie nie przyjęło się w przyrodzie i, jak powiedział kiedyś brytyjski pisarz Aldous Leonard Huxley, „byłoby najbardziej nienaturalną z seksualnych perwersji".

Nie uzasadnia to jednak istnienia aktu kopulacji, penisa, a tym bardziej jego erekcji. Prawie wszystkie gatunki ryb wypuszczają do morza swoją ikrę, którą potem spermą zapładnia samiec. Samce skorpionów deponują spermę na powierzchni ziemi. Dopiero potem samice, przesuwając się nad nią, zasysają ją w siebie. Z kolei samiec ośmiornicy — specjalnie do tego utworzonym w okresie rozrodczym ramieniem, tzw. *hektokotylusem* — wydobywa z siebie spermatofory i umieszcza w jamie płaszczowej samicy. Bardzo często robi to tak agresywnie, że to dodatkowe ramię odrywa się i wnika do ciała jego wybranki, która z nim odpływa.

Dopiero u ssaków pojawiła się inna metoda: samiec musiał jakoś dostarczyć swoje plemniki jak najbliżej komórek jajowych, które znalazły najlepszą ochronę w macicy samicy. I tak powstał pomysł penisa i jego erekcji. Nad penisem mężczyzny jednak Natura lub naczelny Programista musieli spędzić o wiele więcej czasu. Profesor Jared Diamond, biolog z uniwersytetu stanowego w Los Angeles, uważa, że penis mężczyzny jest swego rodzaju wynaturzeniem. Według niego jest o wiele za duży. Większość naczelnych ma penisy — proporcjonalnie do rozmiarów ich ciała — o wiele mniejsze. Penis samca *homo sapiens* jest nie tylko najdłuższy, ale i najgrubszy w porównaniu do tego organu u 192 gatunków małp bezogoniastych (te ogoniaste, ze swoimi mikropenisami, w ogóle się nie liczą). Z przeciętną długością trzynastu centymetrów w stanie pełnej erekcji (według badań niezawodnego w takich wypadkach „Dureksu") męski członek jest ogromny. Orangutany osiągają jedną trzecią tej długości, a ogromne goryle nawet tylko jedną czwartą. Nie ma dotychczas jednoznacznego wyjaśnienia tego fenomenu. Niektórzy eksperci uważają, że długi fallus mężczyzny u naszych poruszających się nago jaskiniowych przodków miał zaimponować kobiecie i odstraszyć ewentualnych konkurentów, inni z kolei twierdzą, że tylko długim penisem mężczyzna mógł najdokładniej usunąć z waginy kobiety spermę poprzednika i jak najgłębiej umieścić swoją własną. Badania antropologiczne, przeprowadzone na reprezentatywnych populacjach kobiet z różnych kontynentów, świadczą na korzyść tej drugiej tezy. Japonki, Koreanki czy Tajki mają o wiele płytsze drogi rodne niż kobiety w Europie czy w Ameryce. Długość penisów mężczyzn z tych krajów jest także odpowiednio mniejsza. Niektórzy, zupełnie nie znający się na antropologii, właściciele biur podróży w Niemczech byliby bardzo zdziwieni, gdyby dowiedzieli się, jak bardzo ewolucja wpływa na zainteresowanie mężczyzn wyjazdami do Tajlandii...

Naukowcy są zgodni co do tego, że pożądanie, definiowane jako moment rejestracji chęci seksualnego zespolenia, nie jest niczym specyficznym dla *homo sapiens*. Pożądają motyle, karaluchy, łabędzie, chomiki, foki, szczury, delfiny, goryle i szympansy. W ich mózgach wykryto identyczne z ludzkimi substancje chemiczne, które sprzyjają temu pożądaniu. Nie udało się jednak jednoznacznie stwierdzić, czy inne gatunki wyłącznie prokreują, czy robią to także, aby odczuć przy tym przyjemność. W przypadku ludzi nie ma co do tego żadnych wątpliwości. Tylko samiec mężczyzna, w odróżnieniu od samców małp, potrafi sobie wyobrażać sytuacje erotyczne doprowadzającc go do stanu, w którym — czasami bez bodźca fizycznego — może nastąpić ejakulacja. Seks jest (i zawsze był) jedną z najważniejszych i najbardziej ulubionych przyjemności życia (obok jedzenia). Rozkosz płynąca z seksu opisywana jest od tysięcy lat w literaturze, malowana na obrazach, wyrażana muzyką, rzeźbiona w glinie, piaskowcu lub granicie, rejestrowana przez aparaty fotograficzne lub kamery. Z wyników niecodziennej i przerażającej ankiety przeprowadzonej ostatnio w Wielkiej Brytanii przez gazetę „The Guardian" wynika, że ponad 37% mężczyzn wolałoby w ciągu roku umrzeć na raka lub na zawał serca, niż zostać zdrowym, ale spędzić resztę życia bez seksu. Mężczyźni i kobiety na całym świecie chcą uprawiać seks. Mężczyźni rzekomo o wiele częściej niż kobiety. I dlatego bardzo interesują się swoją erekcją...

Lecz niestety ani cialis (nazywany weekenderem, ponieważ działa przez około 36 godzin), ani levitra, ani viagra nie zatrzymają na dłużej krwi w ciele jamistym prącia mężczyzny, który nie pożąda. Jak na razie nie ma w aptekach środków na przywrócenie utraconego pragnienia...

Erekcja to w gruncie rzeczy dość prosty proces fizjologiczny. Na skutek bodźca seksualnego (najczęściej wzrokowego) neurony w mózgu mężczyzny intensywnie wytwarzają tlenek azotu, który z krwią dopływa do ciała jamistego prącia. Zwiększone stężenie tlenku azotu powoduje pojawienie się we krwi cyklicznego monofosforanu guanozyny (cGMP), który, nie degradowany przez enzym PDE5, doprowadza do zmniejszenia napięcia ścianek naczyń krwionośnych w ciałach jamistych prącia. Mniej napięte naczynia krwionośne automatycznie zwiększają swoją średnicę, co pozwala napłynąć do penisa większej ilości krwi. Wypełniająca ciała jamiste krew powoduje zwiększenie objętości i długości prącia.

Erekcja nie może jednak trwać wiecznie. Natura także o to się zatroszczyła. Po pewnym czasie pojawia się we krwi enzym PDE5, który chemicznie rozkłada cGMP. Gdy mechanizm tworzenia cGMP i przeciwdziałania mu przez PDE5 nie funkcjonuje poprawnie, cały proces zatrzymywania krwi ulega zaburzeniu. Krew wprawdzie dopływa do penisa w zwiększonej objętości, ale po bardzo krótkim czasie (zbyt mało cGMP i zbyt dużo PDE5) odpływa. Natomiast mężczyznom (i kobietom także) chodzi oczywiście o to, aby krew, której w penisie jest ciągle dużo, pozostała tam odpowiednio długo. Gdy tak się nie dzieje, mężczyźni mają poważne zmartwienie, a kobiety są rozczarowane...

Z wiekiem, co jest niestety naturalne, lub na skutek różnych chorób (np. cukrzycy) poziom cGMP we krwi mężczyzn spada. Mężczyźni oczywiście nie chcą się z tym pogodzić. Farmakolodzy bardzo szybko się o tym dowiedzieli i postanowili takim mężczyznom pomóc. I tak powstała, odkryta (notabene przez przypadek — miała być lekiem na chorobę wieńcową serca i tak naprawdę jest) w 1998 roku, viagra.

Mało kto jednak wie, że piętnaście lat wcześniej zastosowano środek bardziej skuteczny od viagry. W 1983 roku brytyjski profesor Giles Brindley, podczas wykładu w trakcie światowego kongresu urologicznego w Las Vegas, w pewnym momencie stanął obok pulpitu, opuścił spodnie i w światłach reflektorów pokazał kolegom (i koleżankom!) sterczące prącie. Potem przeszedł się po sali wykładowej i wszystkim zainteresowanym pozwalał się dotykać. Następnie objaśnił, że tuż przed wykładem wstrzyknął sobie bardzo cienką igłą bezpośrednio w ciało jamiste penisa substancję działającą identycznie jak cGMP.

Metoda Brindleya, mimo że stała się nie tylko naukową, ale także pikantną towarzyską sensacją, nie przyjęła się. I to nie dlatego, że mężczyzn przerażałaby nawet najcieńsza igła w tym miejscu. Okazało się bowiem po dokładnych badaniach klinicznych, że substancja Brindleya (papaweryna) zbyt często prowadzi do priapizmu, czyli nieustającej (co brzmi w tym momencie paradoksalnie), niepożądanej, bardzo bolesnej i niebezpiecznej dla zdrowia (mężczyzn!) erekcji, w skrajnych przypadkach kończącej się drastyczną interwencją chirurga, który skalpelem nacina prącie i odprowadza z niego krew. W mniej skrajnych przypadkach lekarz zazwyczaj wypompowuje z ciała jamistego prącia krew i wstrzykuje adrenalinę, która skutecznie obkurcza naczynia krwionośne, co prowadzi do zaniku erekcji.

Mimo to wielu mężczyzn powinno być niezmiernie wdzięcznych doktorowi Brindleyowi. To jego marsz po sali wykładowej w Las Vegas z opuszczonymi spodniami (ale w nienagannie zawiązanym krawacie), z papaweryną w prąciu, spowodował, że urolodzy całego świata zostawili nudne kamienie nerkowe, zapalenia pęcherza oraz powiększającą się prostatę i rzucili się na poszukiwanie środka podtrzymującego erekcję.

Trzynaście lat później, w 1996 roku, czterdziestoletni biolog z europejskiej filii amerykańskiej firmy farmaceutycznej Pfizer, doktor Nicholas Terrett, opublikował artykuł, w którym ogłosił, że jego zespół badawczy (pracujący w Sandwich w Wielkiej Brytanii — viagra jest odkryciem europejskim!) zsyntetyzował środek o nazwie *sildenafil citrate*, który obniża poziom PDE5 we krwi, pozwalając dłużej działać cGMP. W aptekach, w postaci niebieskiej tabletki o charakterystycznym kształcie diamentu, nazywa się on przystępniej: viagra. Nicholas Terrett, którego miałem przyjemność spotkać w listopadzie 1999 roku w Londynie, wyjaśnił mi pochodzenie zastrzeżonego prawnie słowa „viagra". Powstało ono przez połączenie łacińskiego słowa *vigor* (siła, moc) oraz słowa Niagara. Nieprzypadkowo także nawiązuje do słowa *vyaghra,* które w sanskrycie znaczy „tygrys".

Zanim Terrett opublikował artykuł, firma Pfizer wydała na badania nad *sildenafilem* ponad 500 milionów dolarów. To była, jak przyznaje Pfizer, najlepsza jak na razie inwestycja w historii tej firmy. W ciągu dwóch lat od zarejestrowania leku (w marcu 1998 roku) Pfizer zarobił na viagrze ponad 2 miliardy dolarów. Mężczyźni, co było łatwe do przewidzenia, nie oszczędzają na erekcji. Niektórym kupującym viagrę jak witaminę V wydaje się ponadto, że jest ona afrodyzjakiem. Nie ma na to żadnych dowodów pochodzących z badań klinicznych. Efekt zwiększenia pożądania po zażyciu viagry jest tak samo mały jak po zażyciu placebo (łac. *placere* — być zadowolonym), czyli bezsmakowej tabletki zawierającej mąkę. Przypomnijmy jednak, że środki zapobiegające dysfunkcji erekcji (wkrótce obok viagry w aptekach pojawiły się działające na podobnej zasadzie cialis, levitra i ostatnio maxigra w Polsce) przejawiają swoje działanie tylko u mężczyzn, którzy pragną. Ani cialis, ani levitra, ani viagra, ani maxigra nie zatrzymują na dłużej krwi w ciele jamistym prącia mężczyzny, który nie pożąda. Jak na razie, ciągle jeszcze najlepszym afrodyzjakiem jest miłość. Na szczęście...

CZY KOBIETY SĄ LEPSZE OD MĘŻCZYZN?

Nie wyobrażam sobie mężczyzny, który zniósłby dziesięciokilometrowy bieg w pełnym uzbrojeniu podczas okresu i nie zemdlał. Niektórzy mdleliby już na sam widok krwi. Jestem prawie pewny, że gdyby mężczyźni mieli „swoje dni", byłyby to z pewnością dni wolne od pracy. Zagwarantowane odpowiednią ustawą lub najlepiej dekretem.

W kontekście regularnie powracającej niezdrowej czkawki determinizmu biologicznego (ustanowionego dawno temu przez mężczyzn i ku ich wygodzie) plasującego kobietę po gorszej stronie gatunku *homo sapiens,* warto zainteresować się argumentami, na które powołują się wyznawcy tej — nieprawdziwej — teorii.

Najmodniejszy z nich ostatnio odwołuje się bezpośrednio do kobiecego mózgu. Gdy okazało się, że rozmiar mózgu przestał być argumentem — kobiety mają wprawdzie mniejszy mózg, ale gęstość masy szarej odpowiedzialnej za myślenie w porównaniu do masy białej na 100 gramów mózgu jest u nich o około 18% (!) większa niż u mężczyzn — zajęto się czymś, co jest niewymierne i bardzo enigmatyczne. Psycholog Simon Baron-Cohen z uniwersytetu w Cambridge, w bezceremonialnym uogólnieniu, powielonym natychmiast przez media, zawyrokował, że mężczyźni mają mózg „systematyzujący", a kobiety „empatyczny". Skutkiem tego mężczyźni posiadają zdolności łowieckie, dzięki wrodzonej agresji z łatwością zdobywają i utrzymują władzę, gromadzą wiedzę i są stworzeni do pełnienia funkcji przywódczych. Kobiety natomiast, zgodnie ze swą empatyczną naturą, stworzone są do przyjaźni, macierzyństwa, plotkarstwa (sic!) oraz dbania o innych, szczególnie o swojego mężczyznę i wspólne potomstwo.

Gdy wczytać się uważnie w książkę Barona-Cohena (*Podstawowa różnica*, Nowy Jork 2003), można bez trudu zauważyć, że buduje on „teorię" na podstawie jednego eksperymentu na jednodniowych dzieciach: dziewczynki rzekomo dłużej patrzyły na twarze ludzi, a chłopcy wpatrywali się w poruszające się przedmioty. Wyciąganie z tego pojedynczego, wątpliwej wartości eksperymentu, wniosku o budowie mózgu kobiet jest śmiesznym idiotyzmem, natomiast pseudonaukowe przypisywanie na jego podstawie życiowych ról kobietom to już oczywiste nadużycie.

Moim zdaniem doktor Simon Baron-Cohen nieudolnie naukowo zażartował albo po prostu zapędził się za daleko w tym jednym przypadku, a media — głównie bulwarowe — zupełnie nie zrozumiały tego żartu i chętnie go powieliły (jako „naukowy" fakt). Był to interesujący temat, „potwierdzony przez naukowców" (tym razem nie amerykańskich, ale tych z równie ulubionego przez dziennikarzy Cambridge) — interesujący dla wszystkich „macho", którzy uwielbiają znajdować kobiety tylko na półce z towarem gorszego gatunku. Baron-Cohen pewnie tego wcale nie chciał. Jest wybitnym, światowej sławy specjalistą w dziedzinie (bio)neurologii emocji, specjalizującym się w genezie i leczeniu autyzmu.

Poza tym plotka i plotkarstwo nie mają płci. Fiński socjolog z Helsinek, Ilpo Koskinen, naukowo zajął się mechanizmami społecznymi plotki. Z naukowej książki, którą opublikował na ten nienaukowy na pozór temat, wyraźnie wynika, że mężczyźni plotkują tak samo często jak kobiety. Tyle tylko że nazywają to „wymianą poufnych informacji, nawiązywaniem i zacieśnianiem ważnych kontaktów albo uprawianiem lobbingu lub polityki". Potwierdzają to także badania przeprowadzone przez antropologów z kalifornijskiego uniwersytetu w Santa Barbara (2005). Mężczyźni, tak samo jak kobiety, uwielbiają plotki, tyle tylko że w przypadku tych ostatnich plotka odgrywa inną rolę. Kobiety, bardziej niż mężczyźni, panicznie boją się niszczycielskiej siły obmowy. Wynika to z roli, którą im przypisano. Przemoc i agresja w wydaniu kobiet są generalnie surowo potępiane w większości społeczeństw. Dlatego kobiety częściej niż mężczyźni używają słowa w walce z przeciwnikami.

Szerzenie takich podpieranych naukowym autorytetem bzdur, zbudowanych na podstawie wątpliwych doświadczeń, ma swoją długą historię. Francuski neurolog Paul Broca już w 1861 roku oznajmił „autorytatywnie" w jednej z publikacji: „Kobiety są przeciętnie odrobinę mniej inteligentne od mężczyzn i chociaż nie należy wyolbrzymiać tej różnicy, jest ona niewątpliwa". Wniosek taki wysunął na podstawie pomiaru wagi mózgów wyjętych z głów ponad stu kobiet i mężczyzn, poddawanych sekcji zwłok w paryskich szpitalach. „Wagowy" Broca nie wziął pod uwagę, że skoro kobiety z natury mają mniejszą wagę, to również ich mózgi powinny mniej ważyć.

Nie przeszkodziło mu to jednakże wejść na stałe do historii (i encyklopedii): jeden z obszarów w płacie przedczołowym mózgu, tzw. nową korę (*neocortex*) — najmłodszą ewolucyjnie strukturę mózgu — nazwano jego nazwiskiem (ośrodek Broca). W obszarze tym znajduje się centrum tworzenia mowy (w czym kobiety — ze swoimi mniejszymi mózgami — są o wiele lepsze!).

Centrum rozumienia mowy znajduje się z kolei w ośrodku Wernickiego, także w nowej korze. A skoro mówimy o budowie mózgu, to trudno nie wspomnieć o znanym już od 1982 roku fakcie: otóż wiązka połączeń (tzw. spoidło wielkie, nazywane także ciałem modzelowatym) pomiędzy obiema półkulami jest u kobiet grubsza i charakterystycznie wybrzusza się ku tyłowi. U mężczyzn jest natomiast równomiernie cylindryczna. Budowa spoidła u kobiet zapewnia lepsze i sprawniejsze połączenie pomiędzy obu półkulami, a tym samym pomiędzy poszczególnymi ośrodkami mózgu. W ten sposób kobiety przetwarzają jednocześnie więcej bitów informacji wizualnych, smakowych, zapachowych, dotykowych i dźwiękowych w ciągu sekundy.

Mózgi kobiet, z nie wyjaśnionych jeszcze do końca powodów, rzadziej podlegają różnym patologiom i zaburzeniom neurologicznym. Jednym z nich jest na przykład autyzm. Choroba ta występuje ponad dziesięciokrotnie częściej u chłopców niż u dziewczynek. Z tego powodu wielu psychiatrów uważa, że powinno się ją uznawać raczej za skrajną postać ogólnych tendencji męskiego mózgu, a nie za odrębną patologię.

Nie dość, że kobiety mają sprawniejszą sieć połączeń pomiędzy obu półkulami mózgu, to na dodatek lewe półkule ich mózgów są bardziej rozwinięte. Ponieważ to właśnie w lewej półkuli umiejscowiony jest u człowieka ośrodek mowy, nic więc dziwnego, że kobiety są z natury bardziej gadatliwe (co dla mnie nie jest wadą, ale zaletą: rozmowa łagodzi wszelkie konflikty). Badania (pośmiertne) na mózgach kobiet i mężczyzn wykazały, że gęstość sieci neuronowej w obszarach odpowiedzialnych za mowę jest u kobiet istotnie większa. Powoduje to, że ich zdolności werbalne obsługiwane są przez — ujmując to informatycznie — lepszy procesor.

W ewolucyjnym procesie przystosowawczym dostały w związku z tym od natury sprawniejszy aparat mowy. Struny głosowe mężczyzn są dłuższe i grubsze, co powoduje, że potrzebują oni więcej czasu, aby w ogóle zacząć mówić. Zupełnie na marginesie: ani kobieta, ani mężczyzna nie mają żadnych „strun" w krtani (to tylko takie potoczne i obrazowe określenie). Tak naprawdę mamy tam dwie fałdy głosowe w postaci dwóch płatów tkanki, rozpiętej na rodzaju chrzęstno-mięśniowego stelaża pomiędzy czwartym i szóstym kręgiem szyjnym. Przy wydechu ciśnienie powietrza rozsuwa je, powodując powstanie fali akustycznej, wzmacnianej w pudle rezonansowym o długości około siedemnastu centymetrów, znajdującym się w przestrzeni nosogardzieli.

To dlatego bardzo często do kobiet należy „pierwsze słowo". Z tych samych powodów dziewczynki zaczynają mówić wcześniej niż chłopcy, wyrażają się zwięźlej i potrafią konstruować dłuższe zdania. Kobiety mówią więc więcej i z mniejszym wysiłkiem niż mężczyźni. Pewnie dlatego i „ostatnie słowo" także należy do nich. Sam proces mówienia (bez niego postęp cywilizacyjny nie mógłby nabrać takiego tempa jak w ostatnich tysiącleciach) gatunku *homo sapiens* do dzisiaj pozostaje zagadką. Naukowcy zgodnie oceniają, że ludzie zaczęli się ze sobą porozumiewać za pomocą mowy około czterdziestu tysięcy lat temu, natomiast nie są zgodni co do tego, dlaczego mowa w ogóle powstała. Z najbardziej prawdopodobnych spekulacji na ten temat największą popularnością cieszy się teoria dwóch biologów społecznych, małżeństwa Doris i Davida Jonasów. Twierdzą oni, że język pierwotny powstał wyłącznie dzięki kobietom, jako środek służący podtrzymywaniu więzi społecznych pomiędzy matkami i ich dziećmi. Matki zaczęły odpowiadać na gaworzenie swoich dzieci i tak powstały pierwsze słowa. Na początku było słowo i pochodziło ono od kobiet...

Poza tym kobiety nie tylko sprawniej i szybciej przetwarzają docierające do ich mózgów bity informacji, ale także więcej ich otrzymują! Już w 1894 roku brytyjski badacz natury (i pisarz) sir Francis Galton stwierdził na podstawie badań przeprowadzonych na wielu kulturach, że kobiety są, średnio rzecz biorąc, dziesięciokrotnie bardziej wrażliwe na dotyk. Kobieta wyraźniej odczuwa dotyk innej osoby i jednocześnie dokładniej rejestruje wrażenia, gdy sama dotyka. Często się zdarza, że kobiety zbyt delikatnie dotykają swoich kochanków, trwając w błędnym przekonaniu, że są oni równie wrażliwi na dotyk jak one same. Na dodatek mężczyźni oczekują dotyku ściśle ukierunkowanego. Dla wielu mężczyzn kobiece pieszczoty, które nie kierują się odpowiednio szybko ku kroczu, mogą być irytujące. Smutne, ale prawdziwe. Mężczyźni kochają się i robią zakupy według tego samego prostego schematu: chcą jak najwcześniej dotrzeć do półek z tym, czego pragną...

Z drugiej strony, z badań Instytutu Kinseya (1988) wynika, że wiele kobiet rezygnuje z seksu oralnego (chociaż chciałyby go doświadczać) tylko dlatego, że mężczyźni są niedelikatni i dotykają ich łechtaczek językiem zdecydowanie zbyt mocno, co sprawia im ból zamiast przyjemność. Łechtaczka, mająca więcej zakończeń nerwowych niż cały penis mężczyzny (ponad osiem tysięcy, jak ustaliła w 1998 roku australijska ginekolog Helen O'Connell), jest niesłychanie wrażliwa na dotyk. Wiele kobiet w ogóle nie toleruje jej bezpośredniego dotykania i woli pobudzanie okolic łechtaczki. Problem „z okolicą" polega jednak na tym, iż — według badań „Dureksu" — około 23,5% mężczyzn w Polsce nie słyszało nigdy o tym, że kobieta posiada coś takiego jak łechtaczka, a spośród tych, co słyszeli, ponad 37% i tak nie potrafiłoby jej zlokalizować.

Małe dziewczynki o wiele częściej niż chłopcy dotykają swojej matki, dorosłe kobiety z kolei także częściej niż mężczyźni dotykają osób sobie nieznanych. Kobiety doskonale wiedzą, dlaczego to robią. Dotyk ma działanie terapeutyczne, ponieważ stymuluje wydzielanie hormonu oksytocyny w mózgu. Oksytocyna z kolei wzmaga uczucie odprężenia, uspokojenia, obniża ciśnienie krwi i powoduje korzystne zmiany w metabolizmie oraz obniżenie poziomu innego hormonu, kortyzolu (hormon stresu). Zbyt duże stężenie kortyzolu przez dłuższy czas upośledza system immunologiczny. Ludzie nie dotykani chorują częściej i szybciej umierają. Znane z reklam hasło „Czy przytulałaś już dziś swoje dziecko?" to nie tylko chwytliwy slogan. To ważne, prawdziwe i skuteczne zalecenie medyczne.

Kobiety „czują nosem" o wiele więcej niż mężczyźni, rozróżniając więcej niż mężczyźni zapachów, i to o wiele bardziej precyzyjnie. Ponadto wrażliwość węchowa u kobiet słabnie z wiekiem w o wiele mniejszym stopniu niż u mężczyzn. Stwierdzono, że w układzie nosowo-lemieszowym oraz w mózgu kobiet znajduje się o wiele więcej receptorów węchowych. Ma to uzasadnienie ewolucyjne. Prehistoryczna matka musiała dokładniej wywęszyć niebezpieczeństwa grożące jej dzieciom: zapach obcego w ciemnościach, zapach dymu lub zapach zepsutej żywności. Współczesna matka dodała do tego — także głównie w trosce o dzieci — zapachy perfum obcych kobiet, woń obcego potu lub nawet zapach obcej szminki unoszący się z koszuli bliskiego mężczyzny.

Jak się okazało, wbrew temu, co myślą mężczyźni, najbardziej uspokajająca dla kobiet jest woń alkoholu. Wiele żon, które całują swoich mężów po powrocie z pracy, robi to tylko po to, by się po prostu przekonać, czy byli oni na piwie z kolegami, a nie na schadzce z kochanką.

Profesor Richard L. Doty z uniwersytetu stanowego w Colorado w USA, autor fascynującej książki *Płeć i zachowanie: status i perspektywy* (1978), stwierdził, że podstawowe smaki: słodki, kwaśny, słony i gorzki, kobieta wyczuwa przy znacznie mniejszym stężeniu. Kobiety mają po prostu więcej kubków smakowych na języku. W ten sposób łatwiej im było w odległych czasach wystrzegać się trucizn (są z reguły gorzkie) lub odrzucać niedojrzałe, mniej pożywne owoce (są z reguły kwaśne). Kobiety żyją nie tylko w bogatszym świecie zapachów, ale także smaków.

Poza tym kobiety słyszą lepiej. Szczególnie dotyczy to częstotliwości wysokich dźwięków. Rzadko kiedy mężczyzna nie może zasnąć wieczorem z powodu wody kapiącej z kranu (może dlatego tak bardzo pożądani są ostatnio hydraulicy, i to niekoniecznie przystojni). Nawet gdy leży w łóżku z prawym uchem zwróconym w kierunku nieszczelnego urządzenia. Ma to znaczenie, ponieważ okazało się, że mężczyźni wyławiają dźwięki z szumu tła tylko prawym uchem (i przetwarzają je w lewej półkuli mózgu). Kobiety z kolei w przeważającej większości słuchają obojgiem uszu i przetwarzają dźwięki w obu półkulach. To także ma swoje uzasadnienie ewolucyjne. Dźwięki docierają do kory mózgowej, odpowiedzialnej za emocje. Wyzwalają uczucia tęsknoty, ekstazy, nostalgii lub nawet furii, dodającej energii w razie konieczności obrony potomstwa.

Kobiety otrzymują więcej informacji od swoich zmysłów i szybciej oraz wydajniej je przetwarzają. Pozwala im to na sprawniejsze kojarzenie faktów i wyciąganie wniosków. Tym ostatnio biolodzy tłumaczą niezwykły fenomen kobiecej intuicji.

Teza, że mężczyźni to urodzeni myśliwi, którzy polują, aby utrzymać rodzinę, jest także nieprawdziwa. Była fałszywa na początku cywilizacji neolitu i jest taka również teraz, w czasach generacji iPod. Paleontolodzy ewolucyjni (sami mężczyźni) udowodnili, że kobiety i mężczyźni razem chodzili na polowania, przy czym mężczyźni polowali niezwykle rzadko lub bardzo nieskutecznie. Na podstawie analizy biochemicznej wykopalisk stwierdzono, że ponad 78% kalorii w pożywieniu prehistorycznych plemion pochodziło z roślin. Tak naprawdę więc to kobiety zajmowały się wyżywieniem rodziny, ponieważ głównym źródłem tych kalorii było runo leśne, które właśnie one zbierały. Wynika z tego, że mężczyźni, jeżeli nawet polowali, to wracali do jaskini raczej z marnym łupem.

Niemniej pociąg do polowania, a szczególnie mierzenia do celu, pozostał mężczyznom do dzisiaj. Tak tłumaczy się na przykład — niezrozumiałe dla większości kobiet — zamiłowanie mężczyzn do celowania do czegokolwiek lub/i oglądania innych mężczyzn celujących do czegoś. Kobiety z trudem pojmują, dlaczego oglądanie meczu piłki nożnej jest aż tak istotne dla mężczyzn. Podobnie jak za dziwaczne zdziecinnienie uważają inną pasję swoich partnerów — celowanie godzinami strzałkami do tarczy lub jedną kulą w drugą kulę na stole bilardowym.

Mężczyźni lubią po prostu trafiać (sami!) do celu. Trafienie to rodzaj — ewolucyjnie uzasadnionego — testu na męskość. Być może dlatego mężczyźni wolą uparcie tracić czas nad mapą samochodową, zamiast po prostu poprosić kogoś o pomoc. Kobiety bardzo rzadko kupują mapy samochodowe. Cynicy twierdzą, że jedynym powodem, dla którego biblijny Mojżesz tak długo prowadził lud Izraelitów przez pustynię, była jego męska duma, która nie pozwalała mu żadnej kobiety spytać o drogę...

Wrodzona agresja chłopców także okazała się mitem. Fiński badacz Kaj Björkvist wykazał, że we wszystkich badanych przez niego kulturach cywilizacyjnych (a zbadał ich 62) do trzeciego roku życia nie ma żadnych różnic, jeśli chodzi o poziom agresji — i w związku z tym gotowości do walki — u chłopców i dziewczynek. Panuje powszechna wśród naukowców opinia, że początkowo mózg u wszystkich ludzi jest płci żeńskiej i dopiero pod wpływem androgenów, takich jak na przykład testosteron, ulega maskulinizacji. Różnice zaczynają się wykształcać tak naprawdę dopiero po ukończeniu trzech lat. I to na korzyść kobiet. Mniejsza agresywność kobiet wynika z niższego poziomu testosteronu (u kobiet norma to 20–70 nanogramów testosteronu na 100 mililitrów krwi, podczas gdy u mężczyzn 270–1100 nanogramów, czyli grubo ponad dziesięć razy więcej), co paradoksalnie predysponuje je do roli płci silniejszej. Wiele ważnych rzeczy zmienia się u mężczyzn na skutek dużego stężenia testosteronu. Badania wykazały, że mężczyźni z wysokim poziomem testosteronu we krwi rozwodzą się o 43% częściej, zdradzają 38% częściej, a prawdopodobieństwo, że zawrą kiedykolwiek związek małżeński, jest aż o 50% niższe.

Na dodatek estrogen (chemicznie uderzająco podobny do testosteronu), który niestety u mężczyzn występuje w minimalnych ilościach, chroni serce kobiet, istotnie wydłużając ich życie. Zapewnia im życie nie tylko dłuższe, ale także lepsze. Bez narkotyków, alkoholu i nikotyny. Kobiety trzy razy rzadziej uzależniają się od środków chemicznych wpływających na układ nerwowy. Układ nerwowy znajdujący się w drobnym ciele, które często — krótkotrwale — odurza mężczyzn, nie predysponuje (ich zdaniem) kobiet do waleczności i wytrwałości. To twierdzenie także okazało się nieprawdziwe. W armii USA, na zlecenie słynnej akademii wojskowej w West Point, zrobiono w 1995 roku szczegółowe badania wytrzymałości fizycznej. Wynika z nich, że kobiety w ogóle nie ustępują mężczyznom. Znamienne jest, że około 10,5% pań przyznało przy tym w ankietach, iż podczas testów wytrzymałościowych miały menstruację. Nie wyobrażam sobie mężczyzny, który zniósłby dziesięciokilometrowy bieg w pełnym uzbrojeniu podczas okresu i nie zemdlał. Niektórzy mdleliby już na sam widok krwi. Jestem prawie pewny, że gdyby mężczyźni mieli „swoje dni", byłyby to z pewnością dni wolne od pracy. Zagwarantowane odpowiednią ustawą lub najlepiej dekretem. Poza tym skłaniam się ku przypuszczeniu, że gdyby mężczyźni rodzili dzieci, to świat składałby się wyłącznie z jedynaków.

Życie kobiet i mężczyzn rozpoczyna się aktem poczęcia poprzez wniknięcie męskiego plemnika do komórki jajowej. Już w tym momencie pojawia się pewna charakterystyczna dysproporcja, która powinna dać mężczyznom wiele do myślenia. Żeńska komórka jajowa ma przeciętnie 120–140 mikronów (milionowych części metra) średnicy, z kolei główka plemnika (bez witki) tylko około 6 mikronów. Objętościowo więc (stosując wzór na objętość kuli) komórka jajowa jest ponad 544 razy większa niż zapładniający ją plemnik. Z kolei stosunek mas zawartych w tych hipotetycznych kulach jest jak 1 do 10 000. Można więc stwierdzić, że na samym początku związku mężczyzna z pewnością nie dorównuje kobiecie.

Pogańskie w swojej naturze wierzenia, że to kobieta nie dorównuje mężczyźnie, mają swoją, niestety bardzo długą, historię. Na tej absurdalnie nieprawdziwej przesłance mężczyźni zbudowali swój, usankcjonowany prawem, dyktatorski system dominacji. I to już bardzo dawno. W kodeksach Mezopotamii (1100 roku p.n.e.) kobietę określano jako sprzęt, który się posiada. Jeden z zapisów w tym kodeksie postanawiał, że cudzołożącą kobietę można ukarać śmiercią, natomiast dopuszczał utrzymywanie stosunków pozamałżeńskich przez mężczyzn. Nowy Testament (Kol, 3, 18) nakazywał kobietom: „Żony, bądźcie poddane mężom, jak przystało w Panu". Ten osiemnasty wers jest najbardziej znany. Mniej, niestety, znany jest następny, dziewiętnasty, który brzmi: „Mężowie, miłujcie żony i nie bądźcie dla nich przykrymi".

Bezwzględne podporządkowanie kobiety mężczyźnie to nie tylko nakaz chrześcijaństwa. W Indiach oczekiwano, że kobieta rzuci się na stos pogrzebowy obok zwłok męża, a w Chinach dziewczynkom podwiązywano wszystkie palce stóp (z wyjątkiem wielkiego), co chodzenie zamieniało w katorgę. Miało to zapobiegać ucieczce z domu męża. U plemion germańskich kobiety można było sprzedawać i kupować. Kobieta miała być przede wszystkim cnotliwa i posłuszna. Najpierw ojcu i braciom, potem mężowi, a na końcu synom. Wynikało to z konsekwentnie szerzonego, od Arystotelesa po Freuda, nieprawdziwego twierdzenia, że kobieta jest mniej wartościowym podgatunkiem mężczyzn. Uległ tym teoriom nawet sam Charles Darwin, ojciec ewolucji, który przyłączył się do owej opinii, pisząc w jednym z listów (opublikowanych długo po jego śmierci) do Alfreda Wallace'a (notabene niesprawiedliwie pominiętego w encyklopediach równoprawnego współtwórcy ewolucjonizmu), że „ewolucja kobiety zatrzymała się w pewnym punkcie...". Nie wyjaśniał w tym liście swoich przesłanek, uważając je pewnie za genetycznie oczywiste. I oczywiście błędne, jak pokazały wyniki badań przeprowadzonych w ramach słynnego projektu dekodowania ludzkiego genomu. Wśród anonimowych dawców materiału genetycznego do tych badań znajdowali się zarówno mężczyźni, jak i kobiety. Mimo to nie wykryto żadnych różnic potwierdzających determinizm płciowy.

Nie przeszkodziło to jednak profesorowi Lawrence'owi Summersowi, rektorowi najbardziej renomowanego w świecie Uniwersytetu Harvarda, ogłosić ostatnio publicznie, podczas jednej z konferencji naukowych, że „przyczyną niewielkiej liczby kobiet na czołowych stanowiskach akademickich są genetyczne różnice pomiędzy płciami". Część uczestników (także mężczyzn) w proteście opuściła demonstracyjnie salę. Nancy Hopkins, profesor biologii z graniczącego z Harvardem przez rzekę słynnego MIT, nazwała wypowiedź Summersa „upokarzającą dla wszystkich zdolnych kobiet, pracujących w Harvardzie pod kierunkiem osoby, która postrzega je w ten sposób". Rektor uniwersytetu w Santa Cruz w Kalifornii, Denice Denton, koleżanka Summersa, wypowiedziała mu publicznie przyjaźń i nazwała jego wypowiedź „stekiem świńskich, szowinistycznych bzdur". Sam

Summers, przyparty do muru, wycofał się później rakiem ze swojej wypowiedzi, twierdząc, że „zagalopował się w wirze akademickiej dyskusji". Nawet to jest nieprawdą, ponieważ nikt z nim podczas wykładu nie dyskutował.

Prehistoryczną śpiewkę o tym, że kobiety boją się ryzyka, nie mają motywacji, aby odnosić sukcesy, i z natury nie radzą sobie z wyzwaniami, jakich wymaga praca na szczycie, upowszechnia się w czasach, gdy pewna kobieta samotnie opłynęła jachtem kulę ziemską, a inna w pojedynkę łodzią wiosłową przepłynęła Pacyfik, gdy amerykańska pilotka przeleciała nad pustynią iracką uszkodzonym przez artylerię samolotem, a kolejna bezbłędnie pilotowała prom kosmiczny. Kobiety, wbrew temu, co się twierdzi, nie boją się władzy i bardzo jej pragną. Z kompleksowych, i potwierdzonych przez innych uczonych, badań profesora Gary'ego Powella (wydział zarządzania uniwersytetu w Connecticut) na reprezentatywnej grupie ponad dwóch tysięcy menedżerów wynika, że kobiety „wykazują silniejszą potrzebę realizacji" i mają „dojrzalszy i ambitniejszy profil motywacyjny". Na dodatek wykazują silniejsze niż mężczyźni przywiązanie do swoich stanowisk, i to wbrew twierdzeniu felietonistki „New York Timesa", Maureen Dowd, która napisała, że „im więcej kobiety osiągają, tym mniejsze budzą pożądanie". To także okazało się nieprawdziwym, spleśniałym stereotypem. Heather Boushey z waszyngtońskiego Ośrodka Badań nad Polityką Gospodarczą w USA wykazała wynikami swoich ankiet, że kobiety w przedziale wiekowym 28–35 lat, mające wyższe wykształcenie i zarabiające ponad 55 tysięcy dolarów rocznie (stanowisko menedżerskie), mają takie same lub statystycznie większe szanse na udane małżeństwo jak inne pracujące panie.

A że kobiet na takich stanowiskach jest o wiele mniej niż mężczyzn, to już zupełnie inna sprawa. Wynika to przede wszystkim z barier, które stawia przed kobietami ciągle jeszcze bardzo patriarchalnie zorientowana ścieżka awansu. Nad głowami kobiet w większości korporacji — w mojej niestety także — znajduje się gruby szklany sufit. Doskonale widzą przez niego, gdzie mogłyby (albo nawet powinny) się znaleźć, a jednocześnie ten sufit jest tak gruby i tak twardy, że trudno się przez niego przebić. Gdy patrzą przez ten sufit, widzą nad sobą przeważnie mężczyzn, którzy wcale nie musieli się tam wspinać. Często na najwyższe piętra kariery zawodowej wygodnie wjechali szklanymi ruchomymi schodami. I to nie dlatego, że mają lepsze mózgi. Często jedynie dlatego, że mają inne podbrzusza.

Ja osobiście wolałbym patrzyć w górę przez szklany sufit zawsze na kobiety. I to nie tylko dlatego, że chciałbym dojrzeć kolor ich bielizny. Ale mało kto zwraca uwagę na moje pragnienia. Tylko raz w historii mojej firmy ponad przedostatnim (nieprzezroczystym, betonowym) sufitem mojego biurowca we Frankfurcie nad Menem za dyrektorskim biurkiem zasiadła kobieta. Był wtedy najtrudniejszy i najbardziej dramatyczny okres w historii mojego przedsiębiorstwa. Lecz to ona właśnie wynegocjowała najlepszą cenę, sprzedając nas kluczowemu inwestorowi, to ona zadbała, aby ta sprzedaż była najmniej bolesna dla pracowników, i to ona, po wielu latach strat, wypracowała pierwszy zysk. Na zebraniach zabierała głos tylko wtedy, gdy miała coś do powiedzenia, składała tylko te obietnice, które mogła spełnić, i jako jedyny mój dyrektor, któregoś listopadowego piątku po dwudziestej drugiej, potrafiła przyjść do mnie, do zadymionego biura, i zapytać: „Czy przypadkiem nie czeka na ciebie w domu jakaś kobieta?". Pamiętam, że wtedy jeszcze czekała...

Szklane sufity na szczęście pękają. Traci powoli na znaczeniu stare amerykańskie przysłowie o tym, że „chłopcy nie lubią dziewczynek, które są zbyt głośne". Nawet jeśli ciągle nie lubią tego hałasu, muszą się do niego przyzwyczaić. Przynajmniej w godzinach pracy. Kobiety ewoluują, i to w niebezpiecznym dla mężczyzn kierunku. Socjolodzy w Europie Zachodniej musieli wymyślić dla nich nową kategorię — nazwali ów „gatunek" kobietami *alfa*. Badania z 2006 i 2007 roku w Niemczech, we Francji, Wielkiej Brytanii i Włoszech potwierdziły, że współczesne kobiety zostawiają daleko w tyle peleton mężczyzn. Według najnowszych analiz instytutu GEWIS w Niemczech (odpowiednik polskiego OBOP) więcej niż połowa maturzystów to kobiety. Poza tym ich oceny na świadectwie maturalnym są wyraźnie lepsze niż oceny kolegów. Ponad połowa studiujących w Niemczech to kobiety, mimo że studiują o wiele krócej: kończą studia przeciętnie o dwa semestry wcześniej niż ich koledzy, i to z lepszymi wynikami (przeciętnie o 1,3 punkta na zamkniętej od góry, w odróżnieniu od Richtera, pięciopunktowej skali!).

Poza tym chwytliwe hasło, brzmiące mniej więcej tak, że grzeczne dziewczynki idą do nieba, a cała reszta wszędzie, zupełnie się nie sprawdza (według badań GEWIS, 2006). Grzeczne dziewczynki, które docierają do szczytów drabiny zawodowej, mają też mniej grzechów na sumieniu. Są statystycznie wierniejsze, rozwodzą się o 23,7% rzadziej, mają przeciętnie tylko marne 1,8 męża w dokumentach, mają na swoje nazwisko zarejestrowane 4,2 raza droższe samochody i ponad 18,5 raza częściej spędzają wakacje na Fidżi lub Mauritiusie (GEWIS jest bardzo dokładny).

Przeciętny niemiecki mężczyzna wie o tym, nie mając nawet pojęcia (to u mężczyzn normalne), co to GEWIS. Wstaje rano i pierwszy głos (poza łóżkiem), który słyszy ze swojego radia lub telewizora, to głos kobiety. Większość redakcji stacji radiowych i telewizyjnych opanowana jest przez kobiety. Nie dość, że mają erotyzujący wygląd lub głos, to są w swoich przekazach bardziej wiarygodne (także według danych GEWIS). Potem zatrzymuje taksówkę, aby na przykład dotrzeć na lotnisko. Dowozi go tam kobieta. W taksówce czyta gazetę i dowiaduje się, co powiedziała pani kanclerz. Z głośników w samolocie pani kapitan informuje go, że temperatura na zewnątrz wynosi minus 50°C (zawsze tyle wynosi na wysokości przelotowej). Po wylądowaniu wynajmuje samochód i odbiera kluczyki od kobiety. Gdy zdarzy mu się to kilka razy, przestanie się dziwić.

Od dawna nie dziwi się temu Alice Schwarzer, ortodoksyjna prababka feminizmu w Niemczech. W ostatnio wydanej książce *Odpowiedź* (maj 2007) ogłasza światu nadejście rządów pokolenia kobiet *alfa*. Czytając tę książkę, odczułem (pierwszy raz w przypadku Schwarzer, a czytam ją od piętnastu lat), że robi to wreszcie bez charakterystycznej dla niej nienawiści do mężczyzn. Mężczyźni według niej przegrali. Już nie są wrogami. Nie potrzeba ich więcej nienawidzić.

Istnieją na tym świecie mężczyźni, którzy to wszystko wiedzą. Od zawsze. Wbrew Arystotelesowi, Freudowi i Darwinowi, i bez tych bzdur z nobliwego Harvardu. Podziwiają swoje partnerki, wracające z laptopami pełnymi danych do pracy „na wieczór" w domu. Robią im kolacje, napuszczają ciepłej wody do wanny, masują ich twarde od stresu plecy, pożądają wbrew ich zarobkom i stanowiskom, wstają do płaczących w nocy dzieci, prasują ich bluzki i kostiumy, stoją w ich lodowatym dla własnego ego cieniu w trakcie oficjalnych spotkań, płacą bez uczucia poniżenia ich kartami kredytowymi. Ale nawet oni mają czasami swoje poważne problemy. Według badań niemieckiej gazety „Süddeutsche Zeitung" (grudzień 2004) około 15% tych mężczyzn narzeka, że ich kobiety za mało pomagają im w pracach domowych...

CZEGO BOJĄ SIĘ MĘŻCZYŹNI?

Orangutan zapładnia wszystkie samice na swoim terenie i znika, aby powrócić punktualnie na następny okres godowy. W tym czasie oczywiście nie pisze do nich listów. Przypadki zawałów serca u orangutanów są praktycznie nieznane...

Tego, że człowiek jest moralnym zwierzęciem, nie podważa żadna z uznanych współczesnych teorii (socjo)ewolucji. Wiele z nich odwołuje się do wspólnych dla zwierząt i ludzi zachowań lękowych. Lęk jest praemocją. Chcąc przetrwać jako indywiduum — ale także jako gatunek — trzeba się bać. Obszary mózgu związane z przeżywaniem strachu, zlokalizowane w tzw. układzie limbicznym, należą do ewolucyjnie najbardziej pierwotnych. Okazuje się, że bliskie nam małpy człekokształtne, takie jak szympansy, szympansy karłowate (bonobo), goryle czy orangutany, demonstrują zadziwiająco podobne do ludzkich zachowania lękowe.

Szczególnie dotyczy to samców. Większość lęków koncentruje się wokół zapewnienia sobie „wyłącznego dostępu do samic". Na przykład orangutan ustala sobie i znaczy teren, na którym przebywają samice i płodzi z nimi maksymalną liczbę potomstwa. Przejawia zachowania lękowe podczas przebywania na swoim terenie: obchodzi go nieustannie, także w nocy, sprawdza obecność samic i w brutalnych bitwach odgania rywali. Jest to podyktowane lękiem przed oszustwem. Orangutan robi wszystko, aby na jego terenie samice nie rodziły cudzego potomstwa. Gdy spełni swoją prokreacyjną misję, znika z tego terenu na dłuższy czas, wracając punktualnie, gdy samice ponownie mogą zajść w ciążę. Oczywiście przez ten czas nie pisze do nich listów.

Samce goryli i szympansów z kolei mają inny wzorzec zachowań. Chcą być przywódcami stada złożonego z kilku dorosłych samic, ich potomstwa oraz paru młodych samców (ewolucja zadbała o następców), których obecność tolerują, ale z którymi nieustannie walczą o wyłączny dostęp do samic i dominację w stadzie. Takie zachowania bliskich nam gatunkowo małp (ścieżki rozwoju małp i *homo sapiens* rozdzieliły się całkiem niedawno, dopiero około 8 milionów lat temu) obrazują ewolucyjne pralęki. Przeniosły się one w innych, ale niewiele zmienionych postaciach na wspomnianą już wcześniej „miłość romantyczną", wynalezioną przez człowieka dla uzasadnienia swojej szczególnej roli. Zdaniem wielu antropologów, a ostatnio także psychiatrów i psychoterapeutów, był to bardzo niefortunny pomysł ewolucji. Ta gloryfikowana i opiewana przez poetów miłość jest źródłem jeszcze większych lęków i cierpień, których orangutany lub goryle z pewnością nie znają. Doskonale opisał to Zygmunt Freud w przełomowej pracy *Kultura jako źródło cierpień* (1930).

Okazuje się, że nawet jeśli lęki mężczyzn mają inne nazwy niż lęki małp bonobo, to dotyczą one tak naprawdę tego samego. Z ankiet przygotowanych, przeprowadzonych i przeanalizowanych przez Instytut Kinseya wynika, że to nieprawda, iż mężczyźni najbardziej boją się łysienia i tego, że ktoś zarysuje lakier na ich samochodzie. Głównym źródłem ich strachu jest łóżko ich kobiety. Z danych zebranych w latach 1997–2000 wynika, że u młodych mężczyzn (do 35. roku życia), w okresie narzeczeństwa i zalotów, dominuje głównie lęk przed utratą partnerki. Około 83% mężczyzn z tej grupy myślało o tym i bardzo cierpiało z powodu takiego scenariusza.

Znany francuski powieściopisarz Stendhal (Marie-Henri Beyle) już w XIX wieku zauważył, że „...rozkosze miłości zawsze są proporcjonalne do naszych lęków". „Miłość romantyczna" to w dużej mierze nic innego jak stan lęku na granicy przerażenia, nerwica natręctw (nieustanne, niekontrolowane wracanie myślami do określonej czynności, wydarzenia lub osoby) oraz nieuzasadniona euforia, której poziom porównywalny jest z poziomem stanu manii u osób chorujących na zaburzenia afektywne dwubiegunowe (znane także jako psychoza maniakalno-depresyjna). Psycholog Dorothy Tennov z uniwersytetu w Bridgeport, w USA, która w 1979 roku dokładnie zbadała to zjawisko na grupie ponad czterystu kobiet i mężczyzn, stwierdziła, że osoby deklarujące, iż są zakochane, od 85 do 100% czasu dziennego i nocnego spędzają na myśleniu o swojej wybrance lub wybranku. I to na myśleniu w bardzo specyficzny sposób. Są zdominowane przez dwa uczucia: nadzieję i niepewność. Każdy najmniejszy, często wyimaginowany przejaw niechęci ze strony ukochanej lub ukochanego zamieniają w desperacką rozpacz i nieposkromioną trwogę. Z drugiej strony potrafią najmniejszy gest mogący oznaczać nadzieję, że jednak to nieprawda, przemieniać w bezcenne wspomnienie.

Na dodatek Tennov w badaniach potwierdziła to, co każdy z nas już i tak od dawna wie: nieprzychylność działa jak sprzężenie zwrotne, pobudza uczucie i dodatkowo zwiększa jego intensywność, powodując jeszcze większą obsesję. Doświadczył tego w ostatecznej formie główny bohater *Czerwonego i czarnego* Stendhala, Julian Sorel, który ginie na szafocie przez miłość...

Zastanawiałem się, co mógł czuć Sorel przed śmiercią. Jak opisałby swoją miłość, za którą miał umrzeć? Stendhal pewnie opisałby ją tak: Miłość jest namiętnością. Wytrąca z równowagi. Gubi rytm. Zaburza spokój. Zmienia wszystko. Przewraca świat do góry nogami. Wywraca wszystko na lewą stronę, zachód zmienia w południe, a północ we wschód, to, co złe, w dobre, każe otwierać serce bez warunków. W takim obłąkaniu cierpienie i lęk są niezauważalne. Paradoksalnie, bez nich miłość nie ma sensu. W kulminacyjnym momencie tego obłąkania nic poza wybraną lub wybranym nie ma znaczenia. Także własna śmierć...

Z drugiej strony, gdyby Sorel był trochę bardziej cierpliwy i przetrwał psychiczny wstrząs miłosnego zadurzenia, pewnie uratowałby życie. Jedna z wersji legendy o Tristanie i Izoldzie ogranicza czas miłosnego obłędu do trzech lat. Neurobiolodzy swoimi badaniami potwierdzają prawdziwość tej legendy. Ludzie zakochani znajdują się w stanie odurzenia. Substancje, które przeciskają się przez receptory na błonach ich neuronów, to tak naprawdę niemalże narkotyki, za których używanie grożą srogie konsekwencje: amfetaminowa fenyloetyloamina, opiaty podobne w działaniu do kokainy i heroiny, pobudzająca „do odlotów" adrenalina. Gdyby w czasie ślubu można było robić nie tylko fotografie, ale także utrwalać obrazy mózgów nowożeńców metodami funkcjonalnego rezonansu magnetycznego (fMRI), to uzyskałoby się — obok przechowywanych z pietyzmem w albumach dowodów największej szczęśliwości — także dowody największego „naćpania". Stan namiętnego zakochania, wraz ze wszystkimi symptomami pobudzenia zmysłowego, hormonalnego i chemicznego, nie trwa niestety dłużej niż maksymalnie trzy lata, o czym zresztą wspominałem. Badania antropologów, którzy wcale nie zaglądają do ludzkich mózgów, lecz jedynie badają historię i zachowania różnych kultur lub cywilizacji, w pełni potwierdzają te obserwacje.

Poziom lęku spowodowanego perspektywą utraty wybranki wyraźnie spada (do 25%) po roku od ślubu i zostaje zastąpiony zupełnie innym lękiem. Około 38% mężczyzn obawia się, że kobieta, z którą mieszkają, odkryje istotny zwrot w poziomie ich libida i zdemaskuje próby unikania zbliżeń seksualnych. Mężczyźni sami zauważają, że nie pożądają swoich kobiet tak jak na początku małżeństwa, i obawiają się, że one to kiedyś w końcu odkryją. Orangutany, a szczególnie bonobo, zupełnie nie odczuwają tego lęku, ponieważ regularnie zmieniają partnerki.

Mężczyzn bardziej niż ich impotencja przeraża dominacja kobiety. Goryle i orangutany — do końca życia — w ogóle nie mają zaburzeń erekcji. Jednocześnie nigdy nie stwierdzono, aby samice orangutanów lub goryli kiedykolwiek miały ochotę dominować nad samcami.

Oprócz lęku przed utratą partnerki i, paradoksalnie, lęku przed spadającym pożądaniem, około 61% mężczyzn odczuwa obawę o swoją dominującą rolę w związku z kobietą. Przewodnictwo w stadzie, nawet jeśli to stado składa się obecnie jedynie z żony i średnio 1,5 dziecka, ciągle jest mocno zakodowane w systemie pragnień mężczyzn. Osiągające wyższą pozycję społeczną i materialną kobiety są — dla mężczyzn ukształtowanych w ciągle jeszcze, niestety, obowiązującym patriarchalnym modelu społecznym — bardzo poważnym zagrożeniem dla ich dominacji. Wtłoczeni w struktury wielkich korporacji, wielokrotnie sfrustrowani swoim podporządkowaniem — szefom, dyrektorom, prezesom lub przewodniczącym wszelkiej maści — chcą zachować, podobnie jak szympansy i goryle, chociaż jeden nienaruszony obszar niepodzielnej dominacji. Takim obszarem jest przeważnie ich dom, który oznaczyli raz na zawsze jako „swój teren" i na którym chcą sprawować władzę absolutną. Kobiety o tym podświadomie wiedzą. Do zdrady w małżeńskim łożu przyznaje się zaledwie 1,5% ankietowanych kobiet.

W dalszej kolejności pojawia się lęk przed impotencją. Ale to dotyczy głównie dojrzałych mężczyzn, od 45. roku życia. Ponad 33% mężczyzn w tej grupie wiekowej przyznaje się do epizodycznych zaburzeń erekcji, co za każdym razem wprawia ich w paniczny strach. W grupie wiekowej do 35 lat do strachu przed impotencją przyznało się tylko 14% mężczyzn. Ze statystyk (niemieckich) seksuologów i urologów wynika, że zdominowani przez partnerki mężczyźni ponad trzy razy częściej zwracają się do nich o pomoc w związku z impotencją. Co ciekawe, przypadki impotencji u małp człekokształtnych są zupełnie nieznane. W uzupełnieniu do tych wyników warto przytoczyć aktualne statystyki (2005) przedstawione w niemieckim tygodniku „Focus". Tylko znikome 1,3% mężczyzn stosujących viagrę lub podobne w działaniu preparaty odważyło się wyznać ten fakt swojej partnerce. Mężczyźni w tym przypadku swoim postępowaniem bardzo przypominają kobiety, które do ostatniej chwili ukrywają przed światem fakt, że poddały się operacji plastycznej. Trudno w to uwierzyć, ale ponad jedna trzecia mężczyzn (według danych amerykańskiego miesięcznika „Men's Health"), którzy związali się z partnerkami po operacji powiększania lub poprawiania estetyki piersi wkładkami silikonowymi, nie zdaje sobie sprawy, że dotyka natury tylko w częściowym wydaniu.

W odróżnieniu od samców goryli strach przed wychowywaniem nie swojego potomstwa pojawia się u mężczyzn zaskakująco rzadko. Jedynie 0,8% przyznało się, że czasami miewa takie obawy. Tymczasem do początku lat dziewięćdziesiątych XX wieku oceniało się, że około 4,5% dzieci rodzących się w związkach małżeńskich (w USA i w Europie Zachodniej) pochodzi z nieprawego łoża. W 1992 roku Jared M. Diamond, znany amerykański fizjolog i biolog ewolucyjny, dotarł do wyników badań genetycznych z lat czterdziestych XX wieku. Opisał je w bardzo interesującej książce *Trzeci szympans* (polskie tłumaczenia ukazały się w 1996 i 1998 roku).

Owe badania dotyczyły Stanów Zjednoczonych i były kiedyś w Ameryce tak szokujące, że nigdy ich nie opublikowano, a naukowiec prowadzący program badawczy do dziś woli pozostać anonimowy. Przebadano pod względem genetycznym ponad tysiąc rodzin. Na oddziale położniczym pewnego szacownego amerykańskiego szpitala pobrano próbki krwi noworodków oraz ich matek i ojców. Ku ogromnemu zaskoczeniu prowadzącego badania okazało się, że w 10% (sic!) przypadków grupa krwi dziecka w żaden sposób nie mogła pochodzić z kombinacji genów matki i ojca. Ponieważ pokrewieństwo z matką nie pozostawiało żadnych wątpliwości, więc wyjaśnienie mogło być tylko jedno: dziecko jest wynikiem małżeńskiej zdrady. Notabene te 10% to wynik mocno niedoszacowany! W latach czterdziestych poziom dokładności metod badawczych (w porównaniu z dniem dzisiejszym) pozwalał na wzięcie pod uwagę tylko niektórych czynników genetycznych. Na dodatek należy pamiętać, że w przypadku ciąż z partnerem innym niż małżonek kobiety o wiele częściej decydują się na aborcję. Z innych badań wynika, że w niektórych krajach 30% dzieci wychowywanych w małżeństwach wcale nie jest potomstwem mężczyzny, którego uważa się za ich ojca. Oznacza to, że jeśli mężczyzna ma trójkę dzieci, to powinien się zastanowić, czy aby na pewno wszystkie są jego.

Być może jest to rezultat tego, iż o wiele więcej mężczyzn bywa nie w jednym, ale w kilku nieprawych łożach. Około 42% pytanych Amerykanów — uznawanych za purytańskich — przyznało się (w anonimowych ankietach), że zdradza swoje partnerki. W Polsce, gdzie 90% ludzi deklaruje przynależność do Kościoła rzymskokatolickiego, według badań Zbigniewa Izdebskiego i Antoniny Ostrowskiej (*Seks po polsku*, 2004) do złamania szóstego przykazania przyznało się 33% mężczyzn i 16% kobiet (ten wynik z pewnością jest obarczony błędem, ponieważ ludzie — nawet w anonimowych ankietach — wykazują tendencję do „wybielania się").

I to dla mężczyzn jest także poważny powód do strachu. Ponad 67% cudzołożników obawia się wykrycia zdrady. Procent ten wyraźnie — co bardzo źle świadczy o mężczyznach — spada z wiekiem. W grupie wiekowej od pięćdziesiątego roku życia w górę liczba mężczyzn zaniepokojonych wyjściem na jaw ich niewierności spada do około 31%. Psycholodzy uzasadniają to „syndromem poczucia nadchodzącego końca". Prawdopodobieństwo, że ponadpięćdziesięcioletni mężczyzna wybierze młodą kochankę i opuści dla niej żonę, jest o ponad 73% wyższe niż w przypadku mężczyzn pomiędzy trzydziestym i czterdziestym rokiem życia (według niemieckiego miesięcznika „Psychologie Heute", 2005). Rację miał angielski dramaturg i poeta lord George G. Byron, który twierdził, że „miłość jest jak różyczka lub odra, tym bardziej niebezpieczna, im później nas dotknie".

JAKICH MĘŻCZYZN WYBIERAJĄ KOBIETY?

Kobiety wybierają mężczyzn czułych, delikatnych, wiernych, szlachetnych, wrażliwych, odpowiedzialnych, mądrych, romantycznych, empatycznych i spolegliwych. Tak mówią poeci i tak mówią same kobiety. Naukowcy mówią zupełnie co innego...

Gdy kobiety mają wybór, to decydują się przede wszystkim na mężczyzn z przyszłością. Przeszłość ich prawie zupełnie nie interesuje. Chyba że ta uwarunkowana ewolucyjnie — ona jest bardzo ważna. W 2002 roku czasopismo naukowe „Nature Genetics" opublikowało artykuł z wynikami interesujących badań przeprowadzonych przez zespół genetyków z uniwersytetu w Chicago. Okazało się, że kobiety najwyraźniej wywąchują mężczyzn, których preferują. Grupa czterdziestu dziewięciu losowo dobranych kobiet w różnym wieku wąchała T-shirty mężczyzn, którzy — nie używając żadnych perfum i unikając kontaktu z innymi osobami przez dwie doby — spali w nich przez dwie kolejne noce. Zdecydowana większość kobiet, mając określić na tej podstawie atrakcyjność mężczyzn, wybrała bez wahania tych, których grupa genów, zwana Układem Zgodności Tkankowej (MHS, ang. *Major Histocompability Complex*), najbardziej różniła się od ich własnej. Im bardziej zróżnicowane są grupy genów MHC u kobiety i mężczyzny, tym sprawniejszy i bardziej niezawodny jest układ immunologiczny potomstwa zrodzonego z takiej pary. Dzieci takich par mają szanse na długie, zdrowe życie i tym samym największe szanse na przekazanie swoich genów dalej. Jednym słowem, kobiety wywąchiwały nie tylko najlepszych partnerów, ale także najlepszą przyszłość potencjalnych dzieci zrodzonych ze związków z takimi partnerami. Bardzo uroczo kobiece, pełne zapobiegliwości i troski. Nawet jeśli to tylko poewolucyjna czkawka. Ten mechanizm jest czasami jednakże zaburzony. Okazało się, że kobiety, które zażywają pigułki antykoncepcyjne, preferują mężczyzn o zapachu podobnym do zapachu ich braci lub ojców. Zasada minimalnego powinowactwa genetycznego w tym wypadku nie działa więc optymalnie.

Doktor Carole Ober, kierująca tymi badaniami, próbuje na ich podstawie — moim zdaniem, posuwając się za daleko — wyjaśnić wysoki wskaźnik rozwodów w społeczeństwach przemysłowych, gdzie coraz rzadziej kobiety „wąchają geny" mężczyzn, a coraz częściej ich perfumy (także perfumy ich kochanek lub sekretarek) albo zapach przyniesiony z ich samochodów, biur czy z restauracji.

Generalnie kobiety mają znacznie lepszy węch (o czym już pisałem) i z lubością wąchają mężczyzn. Nie tylko ze względu na ewolucję. Badania przeprowadzone na uniwersytecie w Pittsburghu dowiodły, że około 90% kobiet wącha (i często zakłada na siebie) rzeczy partnera. Zwłaszcza podczas jego nieobecności.

To odkrycie nie pachnie niczym specjalnie nowym. Od dawna wiadomo, że zróżnicowanie genetyczne u wszystkich stworzeń decyduje o wyborze partnera. W genetyce znane jest to pod nazwą efektu Westermarcka. Samice prawie zawsze zdradzają samców z osobnikami o większym zróżnicowaniu genów. Naukowcy z uniwersytetu w Manchesterze zauważyli podczas badań pewną osobliwość pozamałżeń-

stosunków seksualnych: wypływ ejakulatu z pochwy ającej mężatki (sam jestem ciekawy, jak oni to mierzyli) jest nie tylko o wiele mniejszy, ale na dodatek do zdrady dochodzi (z dwukrotnie większym prawdopodobieństwem!) w płodnej fazie cyklu. Owulacyjnie i ewolucyjnie rzecz interpretując, można wnioskować, że zdradzająca kobieta dąży — podświadomie — do najbardziej zróżnicowanego genetycznie potomstwa, stwarzając mu już na samym początku najlepsze szanse na przeżycie. Sukces reprodukcyjny, nawet jeśli kobieta idzie z kimś do łóżka, aby mieć z tego wyłącznie przyjemność, ciągle pozostaje ważnym determinantem ludzkich zachowań. Mądre kobiety z uwagą dbają o nieśmiertelność genów. Zawsze. Także podczas swoich orgazmów.

Zespół norweskich i niemieckich ornitologów badał populację sikorek w Lasku Wiedeńskim. W ich gniazdach znaleziono tyle samo jaj z „prawego łoża", co ze zdrady. Zbadano jaja pochodzące ze zdrady i stwierdzono, że jest to najczęściej potomstwo sąsiada samicy. Poza tym okazało się, że sąsiad miał nie tylko różny Układ Zgodności Tkankowej, ale był także atrakcyjniejszy — albo większy, albo piękniej śpiewał dłuższe piosenki. Zaobserwowano, że ptasi trel ma wyraźnie większy wpływ na samice starsze niż na młodsze. Potwierdzają to badania na innych ptakach. Naukowcy z uniwersytetu stanowego w Marylandzie obserwowali przez dłuższy czas altanniki. Samce tego gatunku ptaków, aby zwabić samice, budują ozdobne konstrukcje gniazd (altany) i wykonują przed nimi taniec godowy. Zaobserwowano, że im samica młodsza, tym większą uwagę zwraca na altankę, a mniejszą na taniec.

Okazuje się, że także kobiety wybierają partnerów według zdeterminowanej powyższym wzorcem analogii. Model wysokiego, chudego, wrażliwego, romantycznego, biednego studenta z czarnym zarostem, w rozciągniętym czarnym swetrze, grającego przy ognisku na gitarze, odchodzi powoli w zapomnienie. Młoda kobieta — mając wybór — sięga po mężczyzn z tzw. górnej półki. Gwarantuje to bezpieczeństwo finansowe dla niej i dla potomstwa. Pieniądze — chociaż nie pachną — są bardzo istotnym afrodyzjakiem i wyznacznikiem atrakcyjności. Z badań przeprowadzonych w USA wynika, że dochody młodych żonatych mężczyzn są półtora raza większe niż dochody ich rówieśników ciągle będących kawalerami. Naiwne byłoby przypuszczenie, że zarabiają więcej, ponieważ mają żony. Prawdziwsze jest założenie, iż mają żony, bo więcej zarabiają. Z modelu biednego gitarzysty przy ognisku ostał się tak naprawdę tylko jego wzrost, także niestety przeliczany na pieniądze. Każdy dodatkowy cal (około 2,5 centymetra) wzrostu mężczyzny przekłada się statystycznie na dodatkowe około 600 dolarów (w USA) jego pensji rocznie. W Niemczech z kolei (badania z 2004 roku, przeprowadzone przez socjologów z uniwersytetu w Jenie) każdy dodatkowy centymetr to około 400 euro więcej na koncie w roku.

Tylko w sytuacjach ograniczonego wyboru kobieta stopniowo obniża pułap swoich oczekiwań. Od dawna znany jest tzw. efekt zamknięcia baru, zaobserwowany podczas spotkań samotnych, którzy poszukują partnerki lub partnera. Kobiety przychodzą do wybranych miejsc, najczęściej barów, na rodzaj polowań. Socjologowie obserwowali zachowanie kobiet w takich barach. Z każdą upływającą godziną wymagania ich wobec obecnych tam mężczyzn okazywały się coraz mniejsze. Tuż przed zamknięciem baru były w stanie zaakceptować tych, których na początku zupełnie ignorowały.

Całkowicie bezwartościowy okazał się — jedynie dla kobiet! — kult długości fallusa, o czym zresztą już wspominałem. Z analizy ankiet Instytutu Kinseya wynika, że długość penisa wybieranego mężczyzny znalazła się na jednym z bardzo poślednich miejsc na skali ważności. Jednakże o wiele, wiele niżej na tej skali była gadatliwość mężczyzny. Kobiety nie znoszą mężczyzn zbyt gadatliwych, utożsamianych z „żałosnymi mistrzami ceremonii" na każdym przyjęciu. Instytut Kinseya nie uzasadnia tego żadnymi dodatkowymi danymi. Osobiście przypuszczam, że chodzi tutaj o seks. Nie ma chyba nic gorszego dla kobiety, kiedy bogaty, wysoki mężczyzna z idealnie wywąchanym, skrajnie różnym MHS nagle przestaje całować, aby koniecznie opowiedzieć dowcip, który akurat mu się przypomniał...

Z JAKIMI MĘŻCZYZNAMI KOBIETY NIE MAJĄ DZIECI?

To nieprawda, że dzisiaj kobiety nie chcą mieć dzieci. Chcą. W większości pragną tego tak samo jak ich babki i matki, pierwsze, a także kolejne teściowe. Tyle że dzisiaj inaczej decydują o tym, kiedy i z kim.

Przypadek 1: Deborah, Hamburg

Z pierwszego małżeństwa, które trwało prawie osiem lat, zostało jej kilka regałów IKE-i i sześćdziesiąt tysięcy euro „odszkodowania". Przestarzałe niemieckie prawodawstwo z końca dziewiętnastego wieku w jednym z paragrafów chroni kobietę przed byciem „pozostawioną bez środków do życia". W zamian za to jej pierwszy mąż mógł zostawić sobie dom i uzyskać oficjalne pozwolenie na spłacanie, do końca swoich dni, hipoteki. Tak naprawdę powinien być jej za to wdzięczny. O posiadaniu własnych dzieci, zajęci swoimi karierami, nie rozmawiali. Chyba że o tych hałaśliwych bliźniakach sąsiadów za ścianą.

Jej „drugi" wytrwał w swoim pierwszym małżeństwie aż całe trzy lata. Bardzo zdolny, nieco ekscentryczny matematyk, dosłownie uciekł od swojej chińskiej żony, która oszołomiona życiem w bogatej dzielnicy Londynu, pożądała bardziej kolejnej torebki Louisa Vuittona niż jego. Po dwóch latach zauważył, że pożądała wyłącznie torebki. Wyjechał z Anglii i wrócił do matki w Hamburgu. Jedyne, czego żałuje po małżeństwie z Chinką, to książek, których w pośpiechu, uciekając z Londynu, nie zdążył spakować.

Spotkali się na kursie... gotowania. Zaintrygował ją tym. Zawsze pociągała ją kobiecość w mężczyznach. Poza tym z początku nie znalazła w nim nic, co mogłoby ją zachwycić. Był zawsze trochę nieobecny, nieustannie przygarbiony i miał lekkiego zeza. Dopiero później odkryła w nim człowieka nieprzeciętnie inteligentnego, uduchowionego, wrażliwego i pełnego ciepła. Zaczęli spędzać ze sobą weekendy. Po roku wprowadziła się do niego. Już kilka tygodni później zaczął namawiać ją na dziecko. Broniła się. Nie chce dzieci. Jeszcze żadnego mężczyzny w swoim życiu nie kochała tak bardzo, aby chciała mieć z nim dziecko. Poza tym, mimo swoich trzydziestu sześciu lat, wierzy, że ciągle jeszcze ma na to czas. A jak ten czas minie, to także nic się nie stanie. Jej matka miała ich czworo i dopiero teraz — gdy wszystkie wyprowadziły się z domu — wydaje się szczęśliwa. Poza tym po prostu nie chce. Widoku siebie z ogromnym brzuchem, karmienia piersią, nieprzespanych nocy i tej bezterminowej niewoli i odpowiedzialności, które zaczną się po porodzie.

On natomiast bardzo chce. Jego kobiecość, tak interesująca na początku, teraz zaczyna być denerwująca i dokuczliwa. Obiecał jej, zrezygnuje z pracy w Zurychu i przeniesie się do Hamburga, że zatrudnią nianię, że on na rok weźmie urlop, a ona będzie mogła wrócić do pracy, kiedy tylko zechce. Poza tym, aby z dzieckiem nie gnieździć się w małym mieszkaniu (100 metrów kwadratowych!) w centrum zasmrodzonego miasta — tak zdecydowała jego matka — natychmiast, gdy urodzi, przeniosą się do jej willi przy parku. Już dawno chciała im ją podarować. Co za bzdura!? Jeśli zechce urodzić dziecko, to urodzi je, nawet gdyby miała przenieść się z nim do przytułku...

Przypadek 2: Monika, Amsterdam

Najpierw on przyjeżdżał regularnie do Polski i ją odwiedzał. Coraz częściej zostając na noc. Po kolejnej jego wizycie rzuciła dopiero co rozpoczęte studia w Polsce, spakowała walizkę i któregoś dnia stanęła w drzwiach jego mieszkania, mówiąc: „Przyjechałam". Została. Wstawiła swoje kosmetyki do jego łazienki, zajęła miejsce od ściany w jego łóżku, zaczęła czekać z obiadami na jego powroty z pracy, zaprzyjaźniła się z jego kotem, przeczytała wszystkie książki na temat „jak żyć i przeżyć z egoistą" i wytrwale, mozolnie zaczęła go zmieniać. Bez żadnych wyrzutów sumienia i z prawdziwą przyjemnością zastygała w tym stanie nic-nie-robienia-ze-swoim-życiem na kilka lat i trwa w nim do dzisiaj.

O rękę poprosił ją bez jakiegoś romantycznego uniesienia. Wyliczył, że po ślubie, według holenderskiego prawa, wspólnie będą płacić o wiele niższe podatki, i którejś niedzieli, w trakcie śniadania, powiedział jej po prostu, że „opłaca się im pobrać". Pomyślała wtedy, że jeszcze go całkiem nie zmieniła. Ale pracowała nad tym nadal.

Dzisiaj może powiedzieć, że jej się udało. Żyją wyłącznie dla siebie. I tego, co mają, nie chcą dzielić z nikim. Pamiętają o datach ich wielkich wydarzeń, ale także o najdrobniejszych rocznicach: pierwszego spaceru, najważniejszego pierwszego pocałunku czy daty jej szalonego przyjazdu do niego. Piszą dla siebie wiersze i zapraszają się co jakiś czas na uroczyste kolacje. On kupuje jej najpiękniejsze porcelanowe filiżanki, a ona od czasu do czasu, przez posłańca, przesyła mu do pracy czekoladki. Podobnie jak inni mają mało czasu, ale gdy nim dysponują, to wyłącznie dla siebie. I dla swojego kota. Wyjeżdżają w egzotyczne zakątki świata, żeby odbyć podróże do „wnętrza samych siebie". I tak niezmiennie od piętnastu lat. Dzieci? On by chciał. Czasami bardzo. Ona ciągle nie. Może kiedyś... Zresztą po co zakłócać ten spokój i harmonię? Tak jak teraz — tylko we dwoje — jest jej dobrze, a poza tym dzieci dzisiaj to taki wydatek. Postanowiła, że jeszcze nad nim popracuje...

Przypadek 3: Patrycja, Gdańsk

Całkowicie mu się podporządkowała. To chyba u nich w rodzinie jakaś trwała i dziedziczona genetycznie mutacja. Jej matka także sprawiała wrażenie, że jest przekonana, iż bez ojca jej obecności nikt nie zauważy. U niej ta mutacja weszła chyba w kolejne stadium. Już po kilku miesiącach zorientowała się, że zatrzymywał wzrok tylko na chudych blondynkach z dużymi piersiami. To dla niego przefarbowała włosy na blond. To dla niego przebywała nieprzerwanie na diecie, zbliżając się niebezpiecznie do granicy anoreksji. Chciała być najbardziej blond i najbardziej chuda. Piersi na szczęście miała bardzo duże. Chciała, aby zatrzymywał wzrok wyłącznie na niej. W ogóle za bardzo chciała go zatrzymać.

Spotkała go na stacji kolejowej w Nasielsku. Pracowała w dworcowym barze jako pomoc kuchenna. Podała mu kawę w swojej filiżance, chociaż wszyscy inni dostawali tylko w plastikowych kubkach. Od początku wydawał się jej inny. Przejeżdżał potem przez Nasielsk jeszcze kilka razy. Któregoś razu przyjechał, usiadł rano przy stoliku pod megafonem, obserwował ją przez cały czas i zaczekał do końca jej zmiany. Chociaż pracowała wtedy do wieczora.

Przyjechał tak jeszcze trzy razy. Za drugim razem zabrał ją na tylne siedzenie swojego samochodu, a za trzecim prosto z tego śmierdzącego baru do innego świata. Do siebie, do mieszkania z łazienką w Gdańsku. Najpierw przez kilka lat wiedziała, że ma go wyłącznie dla siebie. Głównie przez swoją młodość. Niektórzy mężczyźni uwielbiają mieć w łóżku kobiety w wieku swoich córek. Potem się starzała i zaczęła się bać, więc znów zrobiła się na blond i chudła. Za nic w świecie nie chciałaby wrócić na wieś w pobliżu Nasielska. W pewnym momencie zaryzykowała i odstawiła pigułki. Ale on ma już dwie córki, nie chce mieć żadnego dziecka i kolejnych alimentów. Nawet gdyby to były alimenty na syna.

Podporządkowała się mu i usunęła. Zaczeka...

MĘŻCZYZNA JAKO OJCIEC

Można długo dyskutować na temat zdefiniowania momentu, w którym chłopiec przeobraża się w mężczyznę. Moim zdaniem nie ma to nic wspólnego z arytmetyką wieku i datą wpisaną w jego akt urodzenia. Ale z urodzeniem ma. Urodzeniem jego pierwszego dziecka...

Andrzej ma czterdzieści cztery lata, trzy córki i dwie byłe żony. Pracuje na dwóch etatach, ze swoich pensji spłaca ratę za czteroletniego fiata punto, przelewa co miesiąc czynsz za swoją kawalerkę, zostawia trochę na benzynę, jedzenie, abonament telefonu komórkowego i na „czarną godzinę". Resztę wysyła swoim byłym żonom. Dla córek. Poza tym „z czarnej godziny" opłaca korepetycje z angielskiego dla Agnieszki i jazdy konne dla Mirki. Telefon komórkowy ma tylko po to, aby córki miały pewność, że jest dla nich dostępny. W każdej chwili. Ponadto zwraca ogromną uwagę na to, aby jego relacje z byłymi żonami były przyjazne i wypełnione szacunkiem. Zachowanie Andrzeja świadczy o tym, że jest w dużej mierze ewolucyjnym mutantem...

Stosunek mężczyzn do ich potomstwa jest bardzo mocno uwarunkowany ewolucyjnie. Neodarwiniści twierdzą, że jest to uzasadnione odmienną strategią, jaką przyjmują obie płcie, jeśli chodzi o instynkt przedłużania gatunku i proliferację własnych genów. Mężczyzna może je beztrosko rozsiewać po świecie, biologia kobiety pamięta o tym, że będzie ona miała w życiu najwyżej trzydzieści szans na wydanie potomstwa (w ekstremalnym, raczej nieprawdopodobnym przypadku). Z tej racji kobiety są o wiele bardziej opiekuńcze niż mężczyźni, mimo że natura wspomaga mężczyzn, w pewien sposób starając się przywiązać ich do potomstwa.

Kanadyjscy endokrynolodzy mierzyli poziom testosteronu u mężczyzn przed urodzeniem dziecka przez ich partnerki i potem. Średni jego poziom po narodzinach potomka wyraźnie (u wszystkich bez wyjątku badanych mężczyzn) spadł oraz utrzymywał swoją obniżoną wartość przez dłuższy czas. Uzasadnia się to przystosowaniem libida mężczyzn do faktu, że, po pierwsze, kobieta po porodzie w naturalny sposób jest przez pewien czas seksualnie niedostępna, a po drugie — zmniejszony poziom testosteronu wpływa na uspokojenie i obniża skłonność mężczyzn do ryzykownych zachowań, lepiej przygotowując ich do roli ojców.

Zakrojone na szeroką skalę badania przeprowadzone przez antropologów z uniwersytetu stanowego w Rutgers (New Jersey, USA) na sześćdziesięciu dwóch kulturach — od Filipin, przez Chile, po Grenlandię — wykazały małą opiekuńczość mężczyzn i dużą kobiet. Wyciągnięto stąd wniosek, że musi to być zachowanie biologiczne, a nie wyuczone. Kobiety są z reguły w przeciwieństwie do mężczyzn nieagresywne (jak już wiemy, jest to uwarunkowane zwiększoną produkcją testosteronu u mężczyzn). Większość udokumentowanych bardzo agresywnych zachowań u kobiet (łącznie z aktami zabójstw) notuje się we wszystkich zbadanych kulturach głównie w przypadku konieczności obrony potomstwa przed brutalnością ojców. Dotyczy to także agresywności kobiet na salach sądowych podczas rozpraw rozwodowych.

Zachowania mężczyzn, jeśli chodzi o zrzucenie opieki nad potomstwem na kobiety, są wyraźnie rozpoznawalnym echem zachowań wszystkich naczelnych, szczególnie bliskich nam genetycznie małp. Samce szympansów czy orangutanów wprawdzie pozostają przy samicach, z którymi spłodziły potomstwo, ale zajmują się głównie ochroną swojej dominacji, atakując inne samce, zastraszając je i oszukując, aby zapewnić sobie dostęp do jak największej liczby samic w stadzie. Analogie do zachowań mężczyzn (niekoniecznie w stadzie) nie są tutaj przypadkowe.

Stosunek do potomstwa u mężczyzn przejawia się w dużym stopniu także w relacjach z kobietą, z którą mają dzieci. Według wyników ankiety Instytutu Kinseya (z marca 2002) odsetek rozwiedzionych mężczyzn pozostających w niesatysfakcjonujących lub określanych jako „wrogie" związkach z matkami ich dzieci wynosi około 14% dla mężczyzn pomiędzy 30–40 rokiem życia i jedynie 9% dla mężczyzn starszych. Kobiety postrzegają te relacje zupełnie inaczej. Ponad 48% kobiet z przedziału wiekowego 30–40 lat określa je jako niesatysfakcjonujące, nieprzyjazne lub wrogie. Co ciekawe, odsetek kobiet powyżej pięćdziesiątego roku życia jest jeszcze wyższy i wynosi 52%. Z dodatkowych analiz Instytutu Kinseya (sprowokowanych tymi różnicami) wynika, że mężczyźni zupełnie inaczej postrzegają swoją rolę jako ojca i generalnie wpadają w comiesięczne samozadowolenie natychmiast po zapłaceniu alimentów. Kobiety natomiast postrzegają rolę ojców znacznie szerzej. Są bardzo często gotowe zrezygnować z jakiejkolwiek pomocy finansowej byłego partnera na korzyść jego częstszych lub bardziej emocjonalnych kontaktów z dziećmi. Bardzo trafnie ujęła te różnice bohaterka dramatu Augusta Strindberga *Ojciec*: „Jeśli prawdą jest, że pochodzimy od małpy, to jednak w grę musiały wchodzić dwa różne gatunki". Mimo że Strindberg był znanym powszechnie mizoginem, tutaj akurat wyraźnie stanął po stronie kobiet.

Z badań niemieckiego tygodnika „Der Spiegel" (październik 2003) na reprezentatywnej grupie nastoletnich dzieci z rozwiedzionych małżeństw (pozostających po rozwodzie z matką) wynika, że dobre relacje ojca z matką są dla nich najważniejsze. O wiele ważniejsze niż na przykład prezent od ojca w postaci samochodu na osiemnaste urodziny. Dzieci kochają z reguły oboje rodziców po rozwodzie, przy czym prawie zawsze, jak potwierdzają opinie psychologów, darzą intensywniejszym uczuciem tę stronę, która ich zdaniem bardziej ucierpiała w wyniku rozstania. Często się zdarza, że są bardziej przywiązane do pokrzywdzonego — w ich opinii — ojca, pomimo że mieszkają z matką. Tym, co przysparza im największych cierpień, jest długotrwały proces godzenia się z myślą, że muszą kochać rozdzielonych rodziców. Im dłużej żyję na tym świecie, tym bardziej jestem przekonany — zupełnie bez pomocy jakichkolwiek ankiet i badań — że najlepsze, co mężczyzna może uczynić dla swoich dzieci, to kochać ich matkę...

JAK CIERPIĄ MĘŻCZYŹNI?

Mężczyźni, nawet gdy są szczęśliwi, to — choćby bardzo się starali — nie potrafią tego wyrazić. Z kolei gdy cierpią, robią wszystko, aby nie musieli się starać.

Karin miała niecałe dziewiętnaście lat, szczęśliwe dzieciństwo, ojca, który nigdy nie powiedział, że ją kocha, ale nie zasnął, zanim nie pocałował jej na dobranoc, i matkę, która była w niej bez pamięci zakochana, chociaż nigdy jej nie przytulała. Poza tym miała „trzy tysiące marzeń na przyszłość" i dwa poważne plany na życie. Chciała zostać kardiologiem i pisać bajki dla dzieci. Dlatego była najlepsza w szkole z biologii i pisała najlepsze wypracowania z niemieckiego. Wieczorem, około dwudziestej drugiej, w sobotę 16 grudnia 2000 roku, Karin wracała od koleżanki swoim fordem fiesta do domu we Frankfurcie nad Menem. Na zakręcie zaśnieżonej drogi, około czterech kilometrów od domu rodziców, samochód Karin uderzył w przydrożne drzewo. Karin zginęła na miejscu od ran głowy. Lekarze twierdzili, że nie cierpiała...

Matka

Ten, kto sądzi, że „życie toczy się dalej", jest albo głupim ignorantem, albo fałszywym pocieszycielem, który nie wie, co innego mógłby mi powiedzieć. A już z pewnością nigdy nie był na pogrzebie swojego dziecka. Kondolencje musiał wymyślić jakiś idiota, który nie wiedział, że są rzeczy, których nie da się wyrazić. Mój mąż przez sześć miesięcy po śmierci Karin nie wpuszczał nikogo do naszego domu. Nawet swoich rodziców. I nie odbierał żadnych telefonów. Zwolnił się także z pracy, aby móc pić, cierpieć i płakać, kiedy tylko zechce. On nigdy przedtem nie płakał. Może gdy był sam i nikt nie mógł tego zobaczyć. Nawet ja. Nie widziałam tego do dzisiaj, a znamy się od dwudziestu ośmiu lat. Gdy odeszła Karin, zamykał się na całe dni w piwnicy naszego domu i pewnie tam płakał. Karin miała to po nim. Nawet gdy zmarł jej ukochany labrador, nie płakała. Moje życie wcale nie „toczy się dalej". Moje życie zatrzymało się na tym drzewie, szesnastego grudnia, sześć lat temu. Pierwszego roku po wypadku zupełnie nie pamiętam. Tak jak gdyby ktoś precyzyjnie żyletką wyciął mi to z pamięci. A teraz tylko trwam — jedynie dlatego, że nie mam odwagi tego przerwać. Najbardziej czekam na noce. W snach Karin uśmiecha się do mnie, a ja ją tulę i proszę o przebaczenie. To ja nalegałam, aby nie kupował jej nowego auta na osiemnaste urodziny. Uważałam wtedy, że za pieniądze, które oszczędzimy, kupując używane auto, możemy pojechać wreszcie we troje na urlop. Jej fiesta nie miała poduszek powietrznych. Mąż nie przebaczył mi tego nigdy. W atakach histerycznej furii potrafił, kompletnie pijany, budzić mnie w środku nocy i z nienawiścią wykrzykiwać, że „na jej nagrobek wydaliśmy więcej pieniędzy niż na jej samochód!". Dlatego od czterech lat zamykam sypialnię na klucz. Mąż od dnia śmierci Karin nie sypia ze mną. Zresztą on chyba w ogóle nie sypia. Czasami mam także wrażenie, że gdy nadchodzą urodziny Karin lub grudzień, to całymi tygodniami jedynym, co je, są psychotropy popijane tanią owocową wódką. Czasami w takim stanie jeździ samochodem pod szkołę Karin i czeka tam na nią. Czasami także w nocy.

Od wypadku mąż z nikim nie rozmawia na temat Karin. Panu także nic nie powie. Cierpi prymitywnie i nie ma siły trwać...

Ojciec

(Miała rację. Nic nie powiedział. Ani o Karin, ani o sobie...)

W 2001 roku niemiecki miesięcznik „Psychologie Heute" udostępnił reprezentatywne dane dotyczące przebiegu głębokiej, wymagającej terapii, klinicznej depresji egzogennej (spowodowanej konkretnym wydarzeniem) w rozróżnieniu na płeć. Mężczyźni ponad cztery razy częściej niż kobiety odbierają sobie życie. Przypadki anoreksji (odmowa przyjmowania pożywienia) są u nich dwa razy częstsze, a alkoholizm sześć razy. Okaleczenia własnego ciała (celowe przeniesienie bólu psychicznego na łatwiejszy do opanowania ból fizyczny) aż osiem razy częstsze. Agresywne akty kryminalne w okresie depresji (najczęściej bójki lub pobicia) dotyczyły wyłącznie mężczyzn. Mózgi mężczyzn z natury produkują około 20–30% mniej decydującej o poczuciu zadowolenia serotoniny. Z pewnym uproszczeniem można przyjąć, że w przypadku depresji jej działanie podlega dodatkowemu ograniczeniu w postaci tzw. wychwytu zwrotnego. Serotonina nie jest po prostu sprawnie transportowana w mózgu z neuronu do neuronu. Nie udaje się jej „przeskoczyć" przerwy synaptycznej oddzielającej poszczególne neurony. Zostaje po drodze wychwycona i natychmiast cofnięta do neuronu, który ją wyprodukował, co powoduje zaburzenie komunikacji pomiędzy obszarami mózgu. Osławiony antydepresant — prozac — jest inhibitorem takiego wychwytu zwrotnego i, obrazowo mówiąc, pomaga „przepchnąć" molekuły serotoniny z neuronu do neuronu.

Wskaźnik uzależnienia mężczyzn od benzodwuazepin (substancja czynna w preparatach takich jak valium lub diazepam) przekracza o ponad 64% ten sam wskaźnik u kobiet. Uzależnienie od preparatów typu valium jest jednym z najbardziej trudnych do wyleczenia, co wykazują statystyki z klinik psychiatrycznych. Większość aktów samobójczych realizowanych jest za pomocą przedawkowania benzodwuazepin popijanych alkoholem.

Ponad 78% mężczyzn przyznało się w ankietach do długotrwałych i nawracających epizodów impotencji (częściowo spowodowanych przyjmowaniem trójcyklicznych antydepresantów starszej niż prozac generacji). Jest to w dużej mierze bezpośrednio związane z poważnym niedoborem testosteronu u dotkniętych kliniczną depresją mężczyzn. Opublikowane w 2003 roku wyniki eksperymentów przeprowadzonych przez psychiatrów w amerykańskiej klinice McLean Hospital w Belmont (Massachusetts) dowodzą, że aplikowanie testosteronu mężczyznom nie reagującym na antydepresanty aż w ponad 40%, już po dwóch miesiącach terapii, przyniosło zdecydowaną poprawę ich samopoczucia. Co ciekawe, regularne stosowanie plastrów nasączonych testosteronem pomagało (ale tylko w 12% przypadków) także kobietom.

Depresja, a nawet długotrwały smutek, prowadzi u obu płci do czegoś, co można brutalnie nazwać ogłupieniem. Jak wykazały badania przeprowadzone przez amerykańskiego, doktora Antonia Damasio pod koniec lat dziewięćdziesiątych XX wieku (Damasio uznawany jest za guru współczesnej neurobiologii), emocja smutku charakteryzowała się istotnie zmniejszoną aktywnością kory przedczołowej mózgu. Od dawna wiadomo, że poziom aktywności kory przedczołowej jest wskaźnikiem generowania myśli i ogólnej żywotności umysłu. Damasio, metodą obrazowania pracy mózgu techniką PET (pozytronowa tomografia emisyjna), dowiódł, że u ludzi smutnych łączna liczba myśli, jakie przychodzą im do głowy, jest mniejsza niż u ludzi szczęśliwych lub tych, którzy deklarują, że nie są nieszczęśliwi. Ta swoista tępota umysłu u ludzi w depresji okazała się dotykać intensywniej mężczyzn niż kobiety.

Przy tym, paradoksalnie, depresja u mężczyzn jest o wiele łatwiejsza do wyleczenia niż u kobiet. Zespół badaczy kierowany przez profesor Helen Mayberg z uniwersytetu w Toronto wykazał, że aż w połowie przypadków podawanie placebo zamiast na przykład prozacu przynosiło w przypadku mężczyzn takie same efekty terapeutyczne jak sam prozac. Ten odsetek jest zdumiewająco wysoki. Przyjmuje się, że statystycznie tak zwany efekt placebo działa u maksymalnie 12% populacji. Przeżywający cierpienia duszy mężczyźni tak naprawdę nie potrzebują chemii. Potrzebują małej tabletki wypełnionej obojętną chemicznie, bezsmakową mąką i wiary, że im ona pomoże. Mężczyznom można wmówić o wiele więcej niż kobietom. Ale muszą chcieć słuchać tych kłamstw...

Ponadto u około 19% mężczyzn z depresją trwającą ponad osiemnaście miesięcy zdiagnozowano ewidentne przypadki syndromu aleksytymii, czyli całkowitej niezdolności do odczuwania, uświadamiania sobie, rozumienia i przede wszystkim okazywania lub werbalizowania własnych emocji. Aleksytymik to ktoś, kto — zdaniem neurobiologów — odczuwa znacznie mniej emocji niż drożdże. Dla aleksytymika pogrzeb i ślub jego dziecka są tak samo nudne. Typowy aleksytymik nie widzi żadnej różnicy w podarowaniu żonie kwiatów z okazji urodzin i daniu jej pieniędzy, aby sobie te kwiaty sama kupiła. Ani żona, ani kwiaty nie wywołują w nim żadnych emocji. Pieniądze także nie...

Identyczne reakcje absolutnej aleksytymii stwierdza się u szczurów, które przez dłuższy czas regularnie poraża się prądem, gdy tylko zbliżają się do pożywienia. Typowa, zdaniem psychiatrów, reakcja samoobronnego absolutnego wyparcia. Wszystkiego. U kobiet z badanej grupy zupełnie nie stwierdzono tego syndromu. Mężczyzna cierpi inaczej...

CZY JA JESTEM ŚWIATU POTRZEBNY?

Są takie dni w roku, że nareszcie wszyscy ludzie są potrzebni światu. Myślę, że ja również...

Tytułowe pytanie tej książki — o potrzebę istnienia mężczyzn jako płci, może być dla wielu prowokacyjne lub nawet obrazoburcze, dla innych czysto retoryczne (ale będące jednocześnie zaczynem interesującej rozmowy), a dla jeszcze innych po prostu zabawne. Samo podanie w wątpliwość aksjomatu natury i większości doktryn religijnych może wydawać się na pierwszy rzut oka bezsensowną stratą czasu. I z lekcji biologii, i ostatnio od katechety dowiadujemy się przecież, że od początku biologiczny świat był dwupłciowy oraz że istniał ktoś taki jak biblijny Adam i biblijna Ewa. Że w jądrze komórkowym pewnych osobników znajduje się chromosom Y, są to samce, a u innych chromosom X i są to samice, i w przypadku *homo sapiens* samca nazywa się mężczyzną, a samicę kobietą. I że tak było na samym początku, i tak będzie zawsze, do końca. Jako wierzący w Boga fizyk akceptuję oba prawdopodobne „początki" (przy czym interwencjonizm Boga i sam akt stworzenia traktuję wyłącznie jako skróconą do kilku zdań alegoryczno-symboliczną opowieść o zupełnie ostatnim etapie ewolucji), co do „zawsze" i co do „końca" mam jednak wątpliwości. I dlatego w tej książce odważyłem się nimi podzielić — bardziej jako naukowiec niż jako mężczyzna. Starałem się patrzeć na sprawę z dystansu i jedynie — z zamysłem największego obiektywizmu — miałem zamiar podpatrywać, podsłuchiwać i podczytywać tych, którzy wiedzą na ten temat znacznie więcej niż ja. Z niektórymi z nich się zgadzam, a niektórych chciałbym spotkać osobiście, aby móc powiedzieć, lub nawet wykrzyczeć (na przykład profesorowi Summersowi z Harvardu), jak bardzo się mylą.

Pomimo typowego dla mężczyzny stężenia niebezpiecznego testosteronu w mojej krwi (przeciętnie 270–1100 nanogramów w decylitrze) i pomimo tego, że czasami mam uczucie, iż cała ta krew odpływa mi z mózgu do podbrzusza, w związku z czym wychodzi ze mnie rzekomo „zdominowany obsesją seksu jaskiniowiec", który nieustannie fantazjuje o dzikim seksie w windzie z lustrami na ścianach i suficie, nie czuję, że należę do będącej w zaniku gorszej części ludzkości.

Nie wiem, czy mam w sobie więcej oksytocyny (nie analizowano na razie moich płynów ustrojowych pod tym kątem) niż inni mężczyźni, których spotykam, ale wydaje mi się, że w odróżnieniu od wielu z nich spoglądam na kobiety z należnym im podziwem, szacunkiem i często z nieukrywaną zazdrością. Wiem, że jestem feministą — nawet jeśli nie chodzę do ginekologa — i że bardzo chciałbym, aby feminizm jako filozofia lub ruch społeczny stał się światu zupełnie zbędny. I to jak najprędzej.

Wiem także, że bardzo chciałbym być światu potrzebny. I to specyficznie, jako mężczyzna, a nie tylko jako człowiek. I chciałbym, aby okazywały mi to kobiety. Po wszystkim, czego się dowiedziałem, przygotowując się do pisania tej książki, ich potrzeby wydają mi się o wiele ważniejsze i o wiele trudniejsze do spełnienia. Są takie dni w roku, kiedy mam uczucie, że udaje mi się je spełnić. Jednym z nich, szczególnie ważnym dla mnie, jest Wigilia...

Ostatnio naukowcy zajęli się istnieniem genu Boga i naturą chemii wigilijnego opłatka. Włączyli swoje tomografy i wyruszyli na poszukiwanie źródeł magii Wigilii w prawym lub lewym płacie skroniowym mózgu. Mam nadzieję, że nic nie znajdą...

Andreas znajduje się w odciętym hermetycznie od świata zewnętrznego pokoju kliniki w Heidelbergu. Podłączony jest zwojem kolorowych kabli jednocześnie do kilkunastu sterowanych komputerowo urządzeń, które monitorują, rejestrują i zapisują dane dotyczące funkcjonowania jego organizmu. Częstotliwość oddechu obniża się 2,5 raza, zapotrzebowanie na tlen spada o 30 do 40%, opór dla przewodnictwa elektrycznego jego skóry wzrasta dwukrotnie (wyraźny dowód na efekt relaksacyjny), wskaźnik pH jego krwi wskazuje na bardzo podwyższone jej zakwaszenie. Najgrubsza wiązka kabli prowadzi do przypominających kolorowe kapsle czujników przymocowanych do jego głowy.

Już w 1929 roku niemiecki uczony Hans Berger odkrył, że ludzki mózg emituje kilka wyraźnie różnych typów fal elektromagnetycznych, z których każdy ma ścisły związek z określonym stanem świadomości. Neurony ludzkiego mózgu w procesie komunikacji generują słabe wyładowania elektryczne, co w efekcie prowadzi do powstawania fal elektromagnetycznych możliwych do zarejestrowania przez elektrody umieszczone na zewnątrz czaszki. Fale te da się wzmocnić i wykreślić (encefalogram). Te o częstotliwości od 8–12 Hz nazwano falami alfa. Towarzyszą one stanowi głębokiej relaksacji. Inne, tzw. fale delta, o częstotliwości 1–4 Hz, pojawiają się tylko we śnie, podczas fazy nie-REM, fale theta (4–7 Hz) natomiast występują w fazie marzeń sennych lub na jawie — wówczas są powiązane z tzw. ucieczką myśli, czyli roztargnieniem.

Na encefalogramie Andreasa, rejestrującym pracę jego mózgu, co około pięćdziesiąt sekund pojawiają się na wykresie wyraźne wysokie wzniesienia (piki) fal alfa, co przy szeroko otwartych oczach praktycznie nie występuje. Dwukrotnie encefalogram wykazuje pojawienie się nawet fal theta, z reguły świadczących o tym, że badania prowadzone są w trakcie głębokiego snu, któremu towarzyszą marzenia senne. Ale Andreas wcale nie śpi i tym bardziej nie śni. Andreas jest zakonnikiem, który się właśnie modli...

Naukowcy od dawna szukają Boga wyłącznie w mózgu. Andreas uważa, że go tam nie znajdą. Tak samo uważa kilka zakonnic z zakonu Franciszkanek, które także poddały się podobnym badaniom. I zakonnice, i Andreas są pewni, że ich mózgi rejestrują jedynie transcendentalne przeżycia związane z przeżywaniem wiary.

Radiolog Andrew Newberg z uniwersytetu stanowego w Pensylwanii zupełnie się z nimi nie zgadza. Uważa, że można nie wierzyć w Boga, a przeżyć stan religijnego uniesienia. Stosując wyrafinowany tomograf SPECT, oparty na technice emisyjnej pojedynczych fotonów, odkrył, że religijnym uniesieniom lub głębokiej medytacji towarzyszy prawie zupełny zanik aktywności pracy mózgu w obszarze płata skroniowego. Taki sam zanik towarzyszy osobom w trakcie ataku epilepsji, ludziom pod wpływem opiatów, amfetaminy, haszyszu lub ibogainy. Wszyscy oni mają wyłączony płat skroniowy mózgu, a w ankietach towarzyszących badaniom wyraźnie wskazywali na doświadczenia transcendentalne lub czysto religijne. Szczególnie interesujący był fakt, że połowa badanych przez Newberga epileptyków przyznawała się do ateizmu, a cała reszta nie wykazywała żadnych specjalnych skłonności religijnych poza incydentami ataków. Opisy podobnych stanów religijnego uniesienia można znaleźć w literaturze. Fiodor Dostojewski, sam przez całe życie cierpiący na epilepsję, często i bardzo dokładnie opisywał je w swoich utworach. Wystarczy przeczytać literacki zapis takich ataków w jego słynnym *Idiocie*. Książę Myszkin, główny bohater powieści i tytułowy idiota, swoje najbardziej boskie iluminacje zawdzięczał zbliżającemu się atakowi epilepsji.

Z kolei stosowanie środków odurzających dla celów religijnych jest tak samo stare jak sama religia. Już w epoce neolitu (około 10 tysięcy lat temu) stosowano psychotropowy wywar z muchomora czerwonego *Amanita muscaria* podczas pogańskich ceremonii rytualnych. Na tabliczkach klinowych Sumerów (6 tysięcy lat temu) wymienia się opium, stosowane między innymi do wytworzenia stanów religijnej euforii. Halucynogen zawierający pscylobinę oraz pscylocynę, otrzymywany z grzybów *Psilocybe mexicana* i *Stropharia cubensis*, stosowali podczas swoich religijnych ceremonii wyznawcy kultu Jurema we wschodniej Brazylii. Płaty skroniowe wyłączano już od bardzo dawna. Lecz dopiero dzisiaj, mając tomograf za 2,5 miliona dolarów, można to udowodnić...

Ja wyłączam swój płat skroniowy bez pomocy żadnej chemii. Wystarczą mi kolędy, opłatek i magia Wigilii. Ten dzień, jak chyba żaden inny w roku, działa na ludzi swoim podniosłym wzruszeniem i nadzieją, którą przynosi. Mężczyźni stają się wówczas wyjątkowo kobiecy, czuli i rozmowni. Podejrzewam, że gdyby to zbadano, poziom testosteronu w ich krwi byłby bardzo obniżony, oksytocyny podniesiony, a oni odczuwaliby, że są bardzo podobni do kobiet. Byliby znowu, chociaż na krótki czas, zakochani, jak na początku — wspominałem już, że u zakochanych mężczyzn poziom testosteronu gwałtownie się obniża, podczas gdy u kobiet wzrasta — psychiatra Donatella Marazziti z uniwersytetu w Pizie nazywa to okresowym efektem dopasowania płci. Mogliby na kilka godzin połączyć się w całkowitym zrozumieniu i zapomnieć smutną prawdę, że z natury są gorsi i że nawet gdy znikną z powierzchni tej planety, świat będzie dalej trwał. Ale kobiety za nic w świecie nie chciałyby takiego świata. Większość z nich powiedziałaby swojemu mężczyźnie, że czasem go potrzebuje, czasami nienawidzi, a za chwilę znowu kocha; czasami chce z nim po prostu być, czasami chce tylko, aby ją rozbierał i dotykał — a czasami przeważnie wszystko naraz. Powiedziałaby, że nie potrzebuje Boga, religii ani halucynogennych mikstur, bo on sam dostarcza jej takich pików fal alfa i theta, że wszystko inne jest zupełnie zbędne.

Świat bez mężczyzn, nawet jeśli możliwy, nie byłby dobrym miejscem, byłby zbyt pusty, nudny i smutny, i byłoby w nim przejmująco zimno. Bo mężczyźni są kobietom potrzebni. I to bardzo.

Myślę, że ja czasami także...

Frankfurt nad Menem, sierpień 2007

SPIS TREŚCI

Redaktor prowadzący
Dorota Wierzbicka-Sarabura

Konsultacja
Dr Zbigniew Liber

Redakcja
Paweł Ciemniewski

Korekta
Ewa Kochanowicz, Krzysztof Lisowski, Anna Rudnicka, Henryka Salawa

Projekt okładki i stron tytułowych, układ typograficzny
Marek Pawłowski

Zdjęcie autora na czwartej stronie okładki
GUGU
www.dyka-art.com

Redakcja techniczna
Bożena Korbut

Książkę wydrukowano na papierze Ecco Book Cream 70 g, vol. 2,0

Printed in Poland
Wydawnictwo Literackie Sp. z o.o., 2007
ul. Długa 1, 31-147 Kraków
bezpłatna linia telefoniczna: 0 800 42 10 40
księgarnia internetowa: www.wydawnictwoliterackie.pl
e-mail: ksiegarnia@wydawnictwoliterackie.pl
fax: (+48-12) 430 00 96
tel.: (+48-12) 619 27 70
Skład i łamanie: Infomarket
Druk i oprawa: Białostockie Zakłady Graficzne SA

MOLEKUŁY EMOCJI